열 살 전에 떠나는
엄마*딸
마음여행

열 살 전에 떠나는
엄마 딸 마음여행

초판 1쇄 인쇄 2013년 3월 22일
초판 1쇄 발행 2013년 3월 29일

지은이 박선아
펴낸이 연준혁

출판 2분사 _분사장 이부연
책임편집 정지은
제작 이재승

펴낸곳 (주)위즈덤하우스 출판등록 2000년 5월 23일 제13-1071호
주소 경기도 고양시 일산동구 장항동 846 센트럴프라자 6층
전화 031)936-4000 팩스 031)903-3891 홈페이지 www.wisdomhouse.co.kr
종이 월드페이퍼 인쇄·제본 (주)영신사 후가공 이지앤비

값 13,000원 ISBN 978-89-6086-593-8 [03810]

*잘못된 책은 바꿔드립니다.
*이 책의 전부 또는 일부 내용을 재사용하려면
사전에 저작권자와 (주)위즈덤하우스의 동의를 받아야 합니다.

국립중앙도서관 출판시도서목록(CIP)

열 살 전에 떠나는 엄마 딸 마음여행 / 글·사진: 박선아
— 고양 : 위즈덤하우스, 2013
   p. ;   cm

ISBN 978-89-6086-593-8 03810 : ₩13000

한국 여행[韓國旅行]

981.102-KDC5
915.1904-DDC21   CIP2013001450

열살 전에 떠나는
엄마*딸
마음여행

글·사진 박선아

위즈덤하우스

 프.롤.로.그.

여행 중, 문득 일상이 그리워집니다

제주에 머무르는 며칠 동안 손양과는 참으로 다양한 사람들과 아름다운 풍경을 만날 수 있었습니다.

   제주시의 아주 작고 조용한 선흘리 마을에서는 주민들과 함께 제주 빙떡을 부치기도 했고, 작은 카페에서는 공정한 세상을 바라는 마음과 함께 강정마을의 평화를 비롯한 세계 곳곳의 평화를 염원하는 작은 음악회를 만나기도 했습니다.

   북촌 너븐숭이 마을에서는 제주4·3사건의 비정한 역사를 아프게 기억하는 주민과 뜨겁게 만나기도 했고, 김녕리 마을회관 앞에서는 "추운데 고생이 많으시다"는 손양의 인사에, "너희들, 참 귀한 사람들이구나!"라며 덕담을 건네주시던 올해 72세 되신 제주 할아방도 만날 수 있었습니다.

오늘은 제주 오일장이 서는 날이라 장 구경을 다녀왔습니다. 장 한쪽에 맛이 좋은 제주보리빵을 파는 가게가 있더군요. 손양 가슴에 한 아름 보리빵을 안겨주고 시장통으로 구경을 나섰습니다.

시장 좌판의 할망들과 나눠 먹은 보리빵은 정말 꿀맛이었습니다. 건네 드린 보리빵을 드시며 "참 맛나다, 맛나다" 하시는 할머니의 굳은살을 보니 목이 메기도 했습니다. 보리빵을 드시는 모습이 손양 표현대로라면 너무나 귀여우셔서, 안 먹어도 배가 부른 우리는 몇 번이나 할머님들께 보리빵 배달을 하기도 했습니다.

숙소로 돌아오는 길, 여느 날처럼 정류소 앞 식당에 들렀습니다.

"이모, 밥 주세요! 배고파요!"

그 식당의 주 메뉴는 오리탕, 그러나 식당 아주머니는 손양과 저를 위한 백반 1인분을 차리러, 얼른 주방으로 들어섭니다. 고마운 마음입니다. 밥을 먹고서도 함께 텔레비전에서 나오는 방송을 보며 한참을 너부러져 있다가 슬쩍 2인분 값을 계산대 위에 올려놓고 재빠르게 나왔습니다. 매일 받는 고마운 저녁 밥상에 대한 작은 성의랄까……. 그러나 내일 저녁 다시 1인분 값을 되돌려 받게 될지도 모를 일입니다.

통한다는 것.

자연과 사람과의 기분 좋은 소통과 끌림.

일상으로 돌아갈 힘을 주는 것들입니다.

여느 여행 때보다 생각이 많아지는 길입니다. 여느 여행 때보다 나의 부족함을 자각하는 시간들입니다. 일상의 어느 순간, 몸과 마음이 지쳐서 어딘가에 기대어 편히 쉬었으면 하는 때가 있지요? 여행도 마찬가지입니다.

내 자신이 몹시 부끄러워지는 때에는 어서 일상으로 돌아가, 부끄러운 내 자신을 속죄하는 마음으로 내 하루에 최선을 다해 살아야겠다는 마음이 들곤 합니다. 그런 마음을 담아 이 책을 엮어 보았습니다.

차.례.

프롤로그 여행 중, 문득 일상이 그리워집니다 004

1장....시골여행

나의 살던 고향은 복사꽃 피는 마을 _ 강릉 장덕리마을 012
어두운 길 끝에 만난 짧은 만남 _ 안동 하회마을 020
오래오래 흰구름처럼 머물고 싶은 곳 _ 원촌 간판마을 030
모두가 한 가족인 대문 없는 마을 _ 곡성 가정마을 038
또 하나의 친정 _ 함양 의중마을 046
슬로시티의 한옥, 그 느릿한 머묾도 행복하여라 _ 증도 우전마을 056
계절을 담은 찐빵 _ 양평 수미마을 066
불편함과 따스함의 이야기 _ 무주 방새마을 074

2장 ... 시장여행

씨앗 하나도 아끼는 시장 사람들 _ 경안 재래시장 084
마음 울적한 날에는 시장으로 나선다 _ 광명 새마을시장 096
싱싱 해산물이 봄꽃처럼 피어나는 곳 _ 통영 서호시장 108
낡은 시계태엽을 감는다 _ 교동도 대룡시장 114
당신들의 삶을 응원합니다 _ 곡성 시골장터 122
사람 냄새 물씬한 행복한 풍경 _ 주문진 수산시장 130
사람들의 폭폭한 삶의 냄새 _ 간월암 포구시장 138

3장 ... 골목여행

사라진 달동네를 추억하다 _ 송림동 골목길 146
공단의 골목에 예술이 피어난다 _ 문래동 골목길 158
하늘 가까운 동네에는 무엇이 있을까? _ 철산동 골목길 170
여행은 특별하지 않은 것 _ 후암동 골목길 182
느리게, 더디게 _ 배다리골 헌책방 골목길 190
곱디고운 할머니의 마음, 간장 떡볶이 _ 체부동 골목길 200

4장 마음여행

어차피 섬 안이니까 따로 또 같이 _ 제주 가파도 214
칭찬은 소년 건우를 날게 한다 _ 제주 비양도 224
주인장 없는 '바람 카페'에서는 우리가 주인 _ 중산간 바람카페 234
섬, 육지, 그리고 그리움 _ 화성 우음도 242
내 마음은 너에게 위로받고 _ 구로 항동철길 250
'따로 또 같이' 즐기는 예술의 향기 _ 진도 운림산방 258

에필로그 아이와 함께하는 여행 268

나의 살던 고향은 복사꽃 피는 마을

강릉 장덕리마을

  그해 봄은 짧고도 길었다. 봄인가 싶으면 한겨울 바람인 듯 서늘한 바람에 넣어둔 겨울옷을 꺼내 입기도 했고, 아직 봄은 멀었다 싶어 마음 놓고 있는 사이 봄의 전령들인 이런저런 봄꽃들은 어느새 피고 졌다. 어느덧 4월도 저만치 가고 계절의 여왕인 5월도 곧 올 테니 봄은 봄인 거다.

  복사꽃! 어릴 적 즐겨 부르던 동요가락이 절로 나오는 그 꽃을 찾아 멀리 강원도까지 다녀오는 길목은 완연한 봄날이었다. 복사꽃은 우리가 여름철 즐겨 먹는 과실 복숭아가 열리는 바로 그 꽃이다. 3~5미터의 작은 키나무로 4월 20일경이면 해마다 복사꽃이 개화한다. 우리나라에서 복사꽃 피는 마을이 어디 한두 곳일까 싶지만, 주민들이 힘을 모아 '복사꽃축제'를 하는 곳 중 손양과는 강원도 강릉 주문진의 '장덕리마을'을 찾았다.

옛 추억을 불러오는 풍경을 만나면 잊고 있던 기억들이
그 옛날 언저리에서 빗장을 풀고 쏟아져 나온다.

　장덕리의 복사꽃축제는 매해 꽃의 개화기에 맞춰 달라지지만, 대부분 4월 하순께 주말 양일간에 걸쳐 진행된다. 흥겨운 마을 잔치에 인상 좋은 동네 분들이 모두 모이셨고 손양과 손양 또래의 많은 아이들의 웃음은 복사꽃보다 더 환해 보였다. 아담한 장덕리마을의 봄 풍경 또한 그림처럼 아름다웠고, 부드럽고 낮은 구릉을 따라 이어진 복사꽃 무더기는 '나의 살던 고향은 복사꽃 피는 마을'이라는 노래가 절로 나올 만큼 즐거운 기운을 전해주었다.

　손양은 여린 속살처럼 부드러운 봄날 흙의 기운을 온몸으로 받으며 그 흙 위에 지천으로 돋아난 향기로운 쑥 캐기에 흠뻑 빠졌다. 손양의 머리 위로 따사로운 봄 햇살이 쏟아지는 풍경은 아마 오래도록 기억에 남을 것 같다. 따사로움의 이름으로…….

　4월이면 복사꽃으로 마을 전체가 흐드러지는 장덕리는 '농촌체험마을'로도 유명한 곳이다. 봄이면 복사꽃으로, 여름이면 그 꽃이 열매를 맺어 결실을 보는 복숭아 따기, 가을이면 가을걷이 등 마을 입구에 걸려 있는 체험활동 사진 속 아이들의 웃음을 보니 철철이 함께하고 싶다는 생각이 절로 들었다.

마을 잔치는 성대했다. 제기차기, 투호, 새끼줄 꼬기, 널뛰기 등의 민속놀이 체험장도 마련되어 있었고, 아이들을 위한 그리기대회, 만들기, 핸드페인팅, 수제비누 만들기 등 다양한 체험도 준비되어 있었다. 마을 잔치에 떡이 빠질 수 없다. 쫀득한 찹쌀을 떡메치기 한 후 마을 분들이 열심히 콩가루를 묻혀 마을 잔치에 온 손님들을 위해 내놓으셨다. 세상에서 가장 맛있는 찹쌀떡인지라 두어 개만 받아먹어도 배가 불룩 불러 왔다. 산촌의 후덕한 인심이 더해져서이리라.

마을 양쪽에서 열린 복사꽃축제 한쪽에서는 마을 잔치가 펼쳐졌고, 맞은편 쪽에서는 수석전시회와 시화전이 마련되어 있었다. 푸른 초목 위 흐드러진 복사꽃 아래 놓여 있는 시화작품들을 보고 있자니 아련한 옛 추억이 떠올라 미소가 살포시 입가로 번졌다. 중학교 때 학교 축제 시화전에 출품할 시 하나 쓰겠다고 몇 날 며칠 밤을 얼마나 고심했던지……. 옛 추억을 불러오는 풍경을 만나면 잊고 있던 기억들이 그 옛날 언저리에서 빗장을 풀고 쏟아져 나온다.

꽃구경이나 할까 하고 들렀던 이곳에서 손양과 오랜 시간 머무르게 되었던 것은 마을 잔치가 주는 흥겨움과 더불어 된장국 같은 편안한 쉼과 여유로움이 그 마을 전체를 휘감고 있었기 때문이었다. 오랜만에 흙길을 걷는 손양의 발걸음은 얼마나 부드럽고 따스할까… .

아빠와 함께 만든 바람개비는 장덕리의 바람이 잘도 날려주었다. 그리고 그 바람이 잠시 멈출 때면 손양은 바람개비를 입에 물고 마을의

복사꽃 구릉을 힘껏 달렸다.

　도시가 아이를 어른답게 만들어주는 반면, 산촌은 아이를 더 아이답게 만들어 주는 것 같았다. 내 아이가 더 아이다워지는 산촌을 그래서 사랑하지 않을 수 없다.

　마을 전체에 고소한 기름 냄새가 가득 차 있으니 이곳저곳 기웃거리느라 허기진 배는 아우성이었다. 마을 장터에는 먹거리가 풍성했다. 쑥으로 버무린 해물파전과 산나물로 무친 묵, 잔치국수, 비빔밥은 직접 담갔다는 동동주와 함께 엄마 손맛 같은 동네 어르신들의 손끝을 통해 상에 차려져 나왔다. 한상 받아먹고 부른 배를 만지작대며 복사꽃을 그늘 삼아 풀밭에 누우면, 배를 두드리며 태평성대를 노래했다는 요순시대의 고복격양(鼓腹擊壤)이 따로 없다.

　작은 것에 만족하며 행복하게 살 수 있는 곳, 작은 산촌마을 장덕리 복사꽃마을에서 진정한 행복 찾기를 할 수 있었다.

강릉 장덕리마을 가는 길
강릉 고속버스터미널에서 수문진행 시외버스를 탄다. 주문진 시외버스터미널에 내려 삼교리/장덕리행 시내버스로 갈아탄 후 장덕리 마을정보센터에 하차하면 된다.

어두운 길 끝에 만난 짧은 만남

안동 하회마을

　7번 국도에는 두 개의 도로가 있다. 일명 '아시안 하이웨이'라 불리는 AH6 7번 국도로 질주본능을 자극하는 쭉 뻗은 도로와 이제는 잊힌 이정표도 없는 '구 7번 도로'가 그것이다. 2009년 1월, 어느 해보다 추웠던 그 겨울에 손양과 7번 국도 여행을 시작했다.

　허술한 눈썰미와 확신 없는 심증을 오로지 지도 하나에 의지하며 가다 보니 여행지에는 늘 어둑해질 때야 도착했다. 신도로가 우리에게 편리함을 준다면 구도로에는 우리가 살며 놓치곤 하는 소소한 삶의 미학이, 삶의 향취가 인근 마을에 녹아 있었다. 강릉에서 시작한 국도여행은 삼척으로, 그리고 다시 포항에서 경주, 울산을 거쳐 보름 후에는 내륙 쪽으로 운전대를 돌려 안동으로 향했다.

　울산에서 워낙 많은 시간을 손양과 노닌 후라 안동 부근에 도착할 때쯤은 이미 어둠이 내리기 시작한 무렵이었다. 게다가 고속도로에서부

감정을 추스르고 마당 안으로 들어서는데
방 안에서 들리는 도란도란 이야기 소리가 마치
따뜻한 엄마의 자장가처럼 마음을 푸근하게 했다.

터 내리기 시작한 두터운 안개비는 더딘 걸음을 더더욱 느릿하게 잡아 끄는지라 한밤중에야 안동에 도착했다.

웬걸, 우리는 길을 잃었다. '하회마을'로 들어가는 길이 어디로 나 있는지 도무지 분간이 안 됐다. 앞쪽으로 들어가니 얼어붙은 밭두렁이 나와 다시 힘들게 차를 빼서 길인가 싶은 곳으로 안개등을 바짝 올려서 가보면 더 이상 갈 수 없는 막힌 산길이기도 했다.

한치 앞을 볼 수 없었다. 차에서 내려 앞뒤, 옆을 찬찬히 돌아보았다. 인적도 드문데다 앞뒤 분간이 안 되니 불현듯 겁이 나기 시작했다. 그래서 슬그머니 손양을 내려다보니 콧노래를 부르고 있는 게 아닌가! 제멋대로인 노래지만 어깨까지 들썩이며 노래 부르는 여섯 살 꼬맹이의 씩씩한 배포에 나도 모르게 피식 웃음이 나왔다.

"엄마! 겁이 날 땐 노래를 불러요! 그러면 금세 기운이 나고 용감해지는 거 있지?"

나도 모르게 눈가에 눈물이 빙그르 맺혔다. 다행히 짙은 밤안개와 푸르뎅뎅한 어둠의 기운이 마음만은 나보다 어른인 손양에게 들키지 않도록 나의 눈물을 가려주었다. 보름여 간의 겨울여행은 어느덧 손양을 엄마인 나보다 더 큰 어른으로 성장시켜준 모양이었다.

손양 덕분에 용기를 내어 한걸음, 한걸음 차를 움직여 겨우 하회마을 앞까지 도착했다. 하회마을에 들어서자 짙은 안개 때문에 미리 예약해둔 민박집 '10호집'을 찾을 수 없었다. 민박집 할머니 진천댁과 수차례 통화를 시도했으나 너무나 하회마을스러운 어투의 할머니 말씀을 도저히 알아들을 수가 없었다. 게다가 할머니는 귀까지 어두우시니 같은 나라 말을 하고 있어도 딴 나라 말을 하고 있는 듯했다.

"할머니, 지금 남촌댁 근처인 것 같은데, 그 다음은 어느 골목으로 들어가면 되나요?"

"엉? 뭐라구? 다 왔다구? 불 넣어 놓을까?"

'아, 할머니……'

아무리 골목을 뒤져도 진척댁 할머니 댁을 찾을 수 없었고 할머니가 기다리고 계시지는 않을까 걱정됐지만 더 이상 길을 헤매기에는 손양과 나는 너무 지쳐 있었다. 우리는 결국 하회마을 '11호' 집에서 융숭하고 따스한 하룻밤을 보내게 되었다. 안개 속을 헤맨 지 꼬박 두어 시간이 지난 후의 일이다.

"얼른 차 대고 들어와."

집 안으로 차까지 들이라는 할머니 엄명을 어떻게든 따라보려고 했으나 그러기엔 도저히 주차의 각이 나오지 않았다.

"할무이! 차 안 들어갑니다!"

골목 끝 쪽 은행나무 아래에 차를 주차해놓고 짐을 챙겨 마당으로 들어서니 대문에 밝힌 환한 불에 설움과 안도감이 와락 밀려들었다. 감정을 추스르고 마당 안으로 들어서는데 방 안에서 들리는 도란도란 이야기 소리가 마치 따뜻한 엄마의 자장가처럼 마음을 푸근하게 했다.

"차, 다 댔나? 이리 들어온나."

손녀 대하듯 다정한 할머니의 말씀에 그동안의 피곤이 연기처럼 사라지는 듯했고, 손양도 마찬가지였는지 돌아보니 이미 할머니 무릎 위에서 재롱을 떨고 있었다.

"밥은 묵었나?"

배시시 웃으며 고개를 도리질해 보이자, "이를 우째. 밥 해놓은 게 없는데……"라며 내오신 상에는 밥통이 통째로 놓여 있었다.

"남은 밥인데 오늘은 이거라도 무라. 근데 설 사람이 이런 반찬에 묵겠나."

할머니표 오징어젓갈과 깻잎장아찌까지 내주시며 입가심용으로 홍시에 기름장까지 들이미신다.

"세상에서 제일 맛있는 밥이야!"라며, 주걱에 붙어있는 밥알까지 핥아먹는 손양은 정말 행복해 보였다.

그날 할머니의 저녁상은 아마 '따스한 행복 밥상'으로 오래도록 기억되고 추억될 것 같았다. 따슨 물도 나오지 않아 차디찬 냉수로 고양이 세수를 했지만 그 밤은 참으로 따스했다.

모든 게 낯설고 오래되어 닳고 닳았고 게다가 불편하기까지 한 겨울 밤이었다. 방 안 구석구석 틈을 통해 새어 들어오는 1월의 한기에 어깨가 시려 잠자리에서는 손양과 마른 기침을 합창하듯 콜록였다. 휴대폰을 충전할 콘센트를 찾다가 한참 만에 천정 바로 밑 고지에서 찾아내고

는 줄이 짧아 베개를 몇 개씩이나 쌓아올리며 손양과 낄낄대기도 했다.

유일한 간식거리로 사온 우유를 넣어둘 냉장고가 없었지만 창호 문을 열고 그 앞에 내어놓으면 될 일이었다. 손양이 자다가 화장실 용무를 해결하기 위해 방문을 나와 벽을 휘젓다 손에 걸리는 스위치를 켜고, 할머니가 일러주신 대로 중문을 열고 가다 낮은 담 너머 어슴푸레한 어둠과 안개 속에 드러난 희미한 마을의 실루엣을 발견하고 나니 내일 아침 맞게 될 이 정겨울 풍경에 손양과 얼마나 가슴 설레었던지……

저녁 먹은 그릇들을 조심스레 할머니 부엌으로 갖고 들어가 소리 나지 않게 조용히 설거지를 했더니 어찌 금세 아시고 "아야, 찬물이다 손 시리다. 말아라, 말아라!" 하시고 나는 또 "괜찮아요, 괜찮아요!" 하며 그 밤의 시간들이 강물처럼 흘렀다.

젓가락을 할머니가 해놓으신 대로 머리가 아래로 향하게 정리를 하다가, 김치의 빨간 양념자국이 묻어있는 수저통의 나무젓가락을 보며 혼자 배시시 웃었다. 우리 엄마도 나무젓가락을 늘 이렇게 씻어서 또 쓰시곤 하셨기에……. 나무젓가락을 다시 한 번 깨끗하게 씻어 이것도

머리가 아래로 향하게 수저통에 정리해놓고는 부엌을 나섰다.
 하회마을에는 편리한 현대식 민박이 많다고 하던데 우린 운이 좋았다. 잊고 살던 삶의 불편함을 새삼 느끼게 해주는, 그 어떤 곳보다 따스한 곳에 머물 수 있었으니 말이다.
 할머니랑 함께 자겠다며 어미를 배신하고 위채 할머니 방에서 깔깔대는 손양을 잡아다 우리 방으로 들며 긴긴 하룻밤을 보내고 하회마을의 첫 아침을 맞이했다. 밤새 시린 바람을 어깻죽지로 들여보내던 창호 문을 빠끔히 내다보았다. 하회마을의 조용하고 평화로운 아침 풍경에 간밤의 오만 긴장이 사라지는 듯했다.

　방에서 한참을 뒹굴거리다 짐을 챙겨 손양과 나섰다. 만남은 우연처럼 쉽게 이루어졌지만, 하룻밤 짧은 만남 후의 이별은 많이 아쉽고 길었다. 손양은 할머니, 할아버지가 계신 윗방에서 밤새 그분들과 소일한 정분도 있었을 거다. 할머니는 우리들의 손사래에도 동구 밖까지 배웅을 나오셨고, 우리는 할머니의 손사래에도 그분 모습이 더 이상 보이지 않을 때까지 자꾸 자꾸 뒤를 돌아보며 짧은 만남, 긴 이별을 마음에 담았다.

　"엄마, 할머니 모습이 눈에 안 보일 때까지, 그럴 때까지 여기에서 바라볼 거예요."

　때론 비바람 치던 어두운 길의 끝에서 좋은 인연을 만난다. 잠시 부는 바람을 견디지 못하고 도중에 돌아섰다면 만나지 못할 사람 냄새 나는 인연이 눈물 나게 고마울 뿐이다.

안동 하회마을 가는 길
안동 시외버스터미널에서 하회마을 입구까지 가는 46번 시내버스를 타면 된다. 시간은 50분 정도 소요된다. 하회마을은 유교문화를 계승한 풍산 류 씨 대종택이 있는 마을로 양동마을과 함께 2010년 유네스코 세계유산에 등재되었다.

오래오래 흰 구름처럼 머물고 싶은 곳

원촌 간판마을

친정어머니 생신을 맞아 전라도 고향으로 내려가는 길, 차량 정체를 피해 국도로 빠져 달리다 보니 전라북도 진안군 백운면을 우연히 지나게 되었다. 장시간 운전의 피로도 풀 겸, 구름도 쉬어간다는 마을 위쪽의 흰 구름 도서관으로 들어갔다. 이름도 예쁜 그 작은 도서관 창가 아래에서 시원한 여름 하늬바람을 맞으며 손양과 함께 책을 몇 권 읽다 나오니 마을 앞으로 시원한 개천이 흐르고 있고 성급한 아이는 옷도 채 벗지 않은 채 그 개울가로 풍덩 몸을 날리니 절로 다시 걸음이 멈춘다.

"엄마! 이 동네 간판 말예요. 예쁘죠? 이 동네는 도서관도 예쁘고 간판도 예뻐요."

그러고 보니 이곳이 그곳인가 보다. 진안 백운면의 그 유명한 '원촌 간판마을.' 손양과 독일의 로텐부르크 마을을 여행했을 때 마을 골목 골목마다 내걸린 간판에 크게 감명 받은 적이 있었다. 가게의 홍보나

　상업적 용도가 아닌 예술품 그 자체로 존재감을 갖는 간판 하나하나의 모양과 독특한 글씨체는 그 어떤 풍경보다 깊은 인상을 주었다.
　여행을 마치고 돌아와 우리의 간판을 보았을 때 얼마나 낙담했던가. 그때, 우연히 집 근처 지하철역에 전시된 '아름다운 간판'이라는 전시회를 보게 되었고, 우리나라에도 외국처럼 간판이 아름다운 곳은 없는지 찾아보다가 진안 원촌의 간판마을 존재를 알게 되었다.
　생각보다 마을은 작았다. 그리고 그 마을을 지키는 사람들은 연로하신 어르신들이 대부분이었다. 이곳의 간판은 확실히 다른 곳의 간판과는 달랐다. 아름답다는 생각이 절로 들 정도로 글씨체며 모양이 매우 독특하고 인상적이었다.
　그런데 그 간판마을을 지키며 삶을 일궈내는 어르신들의 모습은 어쩐지 쓸쓸하다. 어딘가 아이러니하다.

동네를 둘러보는데 아무리 봐도 마을이 텅 비어 있는 듯한 느낌이 들었다. 슬슬 허기도 지는 차에 지나가시는 할머니 앞으로 번개처럼 달려갔다.

"할머니! 동네에 떡 방앗간 있죠? 어디쯤 있어요?"
"어디서 왔는디? 떡은 안 팔 것인디……."

그냥 위치만 일러주시면 되는데 할머니는 연신 혼잣말처럼 "떡은 안 팔 것인디" 하시며, 손양더러 따라오라며 앞장서신다. 할머니 말씀처럼 떡 방앗간에 오늘 팔 떡은 없었다. 그저 짱짱한 볕을 쏘이기 위해 널어져 있는 붉은 고추만 있을 뿐이었다.

"오늘 마을 잔치여! 그랑께 아마 저그 가 있을 거여!"
"저그요? 어디요? 잔치요?"

할머니와 마을 잔치가 열리고 있다는 중앙 공터로 걸음을 옮겨보았다. 마을 어르신들이 모두 그곳에 모여 계셨다. 흥건한 분위기에 어르신들은 연신 희희낙락, 그곳에 편안하고 즐거운 시간이 강물처럼 흐르고 있었다.

"엄마! 쿵짝쿵짝 난리가 났어요. 할아버지 춤추시는데요? 으하하!"

이 마을의 최연소자 손양도 마을 축제에 함께 흥건히 젖어보기로 했다. 한쪽에서는 잔치용 음식을 준비하는 부산한 움직임까지…… 벌써부터 분위기는 한껏 고조되고 있었다.

없는 것 빼고 다 있는 대광만물상회, 꼼꼼한 솜씨로 모든 농기계 수리가 가능한 백운농기계 종합수리센터, 해물이 들어간 얼큰 짬뽕이 일품인 양자강, 할머니들의 빠마 머리를 책임지는 미진미용실, 매사냥 무형문화재 할아버지가 계시는 원촌정육점, 만물상만큼 다양한 물품

흥건한 분위기에 어르신들은 연신 희희낙락.
그곳에 편안하고 즐거운 시간이 강물처럼 흐르고 있었다.

을 갖춘 흰구름 할인마트, 맛있는 시루떡이 익어가는 행운 떡 방앗간, 자칭타칭 원촌마을의 가이드가 주인인 근대화상회, 우유배달을 겸하는 뉴상설 신발가게, 사람 훈김 끊이지 않아 정다운 덕태상회, 그리고 흰 구름도 쉬어 갈만큼 정겹고 평화로운 백운면 원촌 간판마을의 모든 가게를 손양과 함께 진심으로 응원해보았다.

다음 번 이곳을 목적지로든, 우연히든 다시 들를 때는 눈 크게 뜨고 찾아봐야 보이는 아주 작은 주유소에서 주유도 하고, 솜씨 좋은 아저씨께 엔진오일도 갈아야겠다는 생각을 해본다. 엔진오일을 교환하는 사이 나는 얼른 손양과 40년 식당 경력의 '육번집'으로 달려가 속 시원한 순대국밥 한 그릇 먹으리라.

시원한 바람이 어깨 위로 내려앉던 마을 끝 정자에 앉아 오래오래 흰 구름처럼 머물러야겠다는 생각도 해보면서 말이다. 그러다 문득 누군

가가 그리워진다면 얼른 백운의 우체국으로 달려가 엽서에 그리움을 실어 보내리라.

그리움의 끝에 달금한 냄새가 난다. 사람 사는 냄새다.

 원촌 간판미술 가는 길

서울 센트럴시티 터미널에서 진안 터미널까지 가는 버스는 1일 2회 운행하며, 세 시간 정도 소요된다. 진안 터미널에서는 원촌마을까지 가는 백운행 버스를 이용한다. 마을 주변에는 마이산, 섬진강의 최장 발원지인 데미샘, 모래재 메타세쿼이아 길 등의 볼거리가 있다.

모두가 한 가족인 대문 없는 마을

곡성 가정마을

섬진강 기차마을은 가을이면 물소리, 바람소리, 새소리, 꽃향기에 실린 기차 소리에 아련한 그리움이 더 깊어지는 곳이다. 보통 곡성 섬진강 기차마을로 나서게 되면 '기차마을 펜션'을 가장 먼저 떠올리지만, 한정된 객실 수로 인해 연휴나 주말에는 예약이 쉽지 않다.

10월 초, 갑작스럽게 떠난 여행길이라 낭만적인 기차펜션에 머무르는 일은 이루어지지 않았다. 어쨌든 기차펜션 대안으로 그곳에 머무를 만한 숙소를 찾아야 했다. 물론 섬진강 기차마을에는 기차펜션 말고도 여러 개의 숙소가 있다. 섬진강변의 전통 한옥펜션과 심청이야기 마을도 있지만 역시 연휴나 주말에는 이용하기가 녹록지 않다.

이도 저도 안 되고, 곡성 기차마을에는 가야겠고, 하룻밤을 어디서 자야 하나? 하는 고민을 하는 차에 우연히 곡성의 '가정마을'이라는 곳을 알게 되었다. 섬진강 기차마을에서 레일바이크나 증기기관차를 타면

"열쇠? 우리는 열쇠 같은 거 없는디……
아마 필요 없을 건디!"

구 곡성역을 출발해서 바로 이곳, 가정역에 도착하게 된다. 레일바이크나 증기기관차를 타지 않더라도 마을 앞 구름다리 건너 정류장에서 군내 버스를 이용하면 10분 안에 곡성역에 도착하는 근거리 지역이다.

  섬진강 물줄기를 따라 옹기종기 모여 사는 '가정마을'은 참으로 정겨워보였다. 마을 부녀회장님께 들으니, 1980년대까지는 섬진강을 건너야만 곡성이나 구례로 장을 보러 갈 수 있었다고 한다. 육지의 섬이었던 가정마을은 1999년이 되어서야 마을에 차가 들어왔다고 하니 오지 아닌 오지의 마을이었을 터. 지금은 녹색농촌체험마을뿐 아니라 생태우수마을, 팜스테이 마을로 제법 유명해진 마을이기도 하다. '가정'이라는 지명은 마을 앞 숲에서 섬진강을 바라 본 풍경이 너무나 아름다워 마치 정자에 앉아 있는 것 같다는 데서 유래되었단다.

  손양과 나는 부녀회장님이 소개해준 한옥민박에서 하룻밤 머물게 되었다. 가정마을의 한옥체험 민박은 5인실로 네 개의 방이 있으며 취사는 바로 옆의 마을회관을 이용할 수 있다.

"엄마! 대문이 없어요!"

  눈썰미 좋은 손양은 단박에 이 마을에 대문이 없다는 것을 알아챘다. 5년 연속 범죄 없는 마을에 선정될 정도로 어질고 착한 사람들이 사는 마을이라고 했다.

  대문조차 필요 없는 인심 좋고 순박한 사람들이 모여 사는 가정마을에 하룻밤 묵으러 간 여행객인 나는 잠시 바깥 외출을 하려다 보니 은근 신경이 쓰여 결국 마을회관으로 달려가 부녀회장님께 여쭈었다.

"방 열쇠가 없어서요."

"열쇠? 우리는 열쇠 같은 거 없는디…… 아마 필요 없을 건디!"
순간 손양이 거들었다.
"엄마! 여긴 나쁜 사람이 없는 마을이라잖아요! 얼른 그냥 가요!"
부녀회장님이 피식 웃으셨다. 그제야 어리석은 나는 이 마을이 범죄 없는 마을이고 대문조차 필요 없는 마을이라는 걸 생각해냈지만 잠시 여운을 둔 뒤 다시 이렇게 어쭙잖은 핑계를 건넸다.
"그런데 옆방 손님들도 계시고…… 아, 제가 일 때문에 노트북이랑 카메라랑 좀 물건이 많아서요. 외장하드에도 자료가 좀 많아서……. 아, 그러니깐, 그게…… 음…… 죄송합니다!"
부녀회장님은 당혹스러워하시다가 열쇠를 찾아보겠다며 들어가시더니 잠시 후, 수년 전에나 썼을까 싶은 녹슬고 무겁고 커다란 자물쇠를 건네주셨다. 자물쇠를 건네받는데 얼굴이 화끈거려 쥐구멍이 있다면 당장이라도 숨고 싶은 마음에 뒤늦은 후회를 했다. 죄송하다는 말이나 하지 말 것을, 죄송한 일인 걸 알면 애초에 하지도 말 것을!
"엄마! 못 말려 정말. 문 잠가놓지도 않을 거면서 열쇠는 왜 달라고 했어요?"
열쇠를 방 안에 던져 놓은 채 방문을 활짝 열어두고, 다음 날 아침 손양과 나선 동네 산책길은 날아갈 듯 가볍고 상쾌했다. 그렇게 둘러본 가정마을은 아주 작고 소박했다. 스물아홉 가구가 서로 이웃집 숟가락 개수까지 알 정도로 가족처럼 옹기종기 살고 있는 이 마을의 정감 있는 풍경이 우리를 오래도록 머물고 싶게 만들었다.
방문을 열어두어야 하는 가정마을의 재미는 이것 말고도 여럿 있었다. 한밤중에 천체 영상 관람과 별자리 관측을 할 수 있는 '곡성 섬진강

천문대'가 바로 마을 안에 있었다. 손양과 저녁을 먹고 슬리퍼 차림으로 나가 별자리를 보고 있자니, 이루 말할 수 없는 묘한 설렘과 행복감을 주었다.

마을 어귀의 작은 가게에서는 낭만적인 자전거를 빌릴 수 있다. 꽃과 나무들이 방실방실 웃어대는 섬진강변을 따라 펼쳐진 자전거 도로를 타고, 귓불에 시원한 가을바람을 느끼며 페달을 밟는다. "배낭 메고 모자 쓰고 신나는 캠핑 가자"는 사랑스런 손양의 노랫가락과 "코스모스 한들한들 피어 있는 길"이라는 구성진 노랫가락이 더해지니 한편의 가을 수채화가 즉석에서 그려진다.

곡성 가정마을 가는 길

곡성 기차마을의 레일바이크가 가정역까지 운행한다. 가정역에 내려 다리를 하나 건너면 가정마을이 나온다. 가정녹색체험마을 홈페이지(http://gjvill.kr)를 통해 가을걷이, 손두부 만들기, 다슬기 수제비 만들기 등의 계절별 농촌체험이 가능하다. 마을회관 민박, 한옥체험 민박, 참살이 쉼터 민박 이용이 가능하며, 마을 폐교를 단장한 청소년 야영장에서 캠핑을 즐길 수도 있다.

또 하나의 친정

함양 의중마을

살다 보면, 다람쥐 쳇바퀴 돌 듯 반복되는 생활과 생각할 틈도 없이 바쁘게 돌아가는 일상에서 벗어나 한없이 게으름을 피우고 싶을 때가 있다. 나의 그 게으름이 미안해져 마음 불편해 하지 않을 곳, 어쩌면 친정 같은……. 마음이 쉴 수 있는 피안처에서나 가능한 일이런가.

고향에 계시는 부모님이 건강상의 이유로 35년 동안 사시던 터를 떠나 자식과 함께 동거를 시작하신 지 몇 달 되었다. 엄마라고 부르는 시어머니 역시 인공관절 수술 후 아직은 거동이 예전 같지 않았던 어느 해 여름, 한없이 게으름 피우고 한없이 어리광 피우고 싶은 마음을 안고 내려가는 고향길이 가볍지만은 않았다.

"나 내려간다. 길이 좀 막혀서 언제 도착할지는 몰라."

고향 가는 고속도로에서 메시지를 띄우고 처음의 목적지와는 다른 장소를 향해 달리기 시작했다.

나에게는 고향 같은, 친정 같은 곳이 하나 더 있다. 어느덧 인연을 맺은 지 수 해. 손양이 여섯 살 때 지리산 둘레길을 걸으며 비를 피해 하룻밤 묵었던 지리산 자락의 '정자나무 집'이다. 대문을 열고 들어서면서부터 마음이 편안해지니 영락없는 고향집이다.

여름 휴가철에는 모든 방에 손님들이 꽉 찬다. 눈치 없는 손양, 내려가면 늘 뒹구는 작은 방에 들어가 자리 잡더니 그 방에 앉아 있는 손님 앞에서 왜 "우리 할머니 집에 다른 사람이 들어와 자냐"며 볼멘소리 하는 통에 손님들께 정말 송구하고 민망스러웠다. 그러나 손양의 그런 말이 오히려 싹싹같이 느껴지셨는지 어르신들은 징하게 오져하셨다 – '징하게 오지다.' 딱히 표준어로 설명하자면 ㄱ 어감이 제대로 표현되지 않는, 내가 참 좋아하는 남도의 방언이다.

하여간, 그 덕분에 쏟아지는 별빛과 개구리 소리를 자장가 삼아 마당

평상에 펴 놓은 텐트에서 제대로 캠핑 기분 내며 잠을 청할 수 있었다.
　다음 날은 10여 분만 가면 인월동과 남원동이 금방인 지리산 아랫자락 마천군 의중마을 입구에 있는 커다란 정자나무 아래에 누워 한없는 게으름을 피웠다. 그러다 가끔은 동네 어르신들과 나눠 마실 달달한 냉커피를 타는 일도 내 몫이었다.
　언제부터인가 이 마을의 모든 풍경들이 다 친근해지기 시작했다. 어머니, 아버지, 삼촌, 이모님…… 늘어가는 인연에 더해 이 마을의 오래된 이야기에도 귀가 기울여지고 집집마다의 아픈 사연들이 내 가슴을 울리기도 했다.

　정자다방 냉커피를 서로 나누며 이야기를 나누던 오후는 참 길었다. 빈 음료수 물병을 이용한 흥건한 물총 놀이에 고추 말리러 가시던 김 할머니는 허허 웃으신다.
　의중마을에는 손양 또래의 아이들이 있다. 하나는 민박집의 언니 동생 하는 한 살 동생 수아, 엄마 아빠 없이 할아버지와 사는 마을 입구 사랑이네 오누이, 아랫도리는 아예 벗어놓고 다니는 귀여운 세 살 사랑이, 그 사랑이를 끔찍하게 챙기는 여섯 살 연주. 연주를 처음 만났을 때는 잔뜩 경계심에 휩싸인 그 아이의 눈동자가 마음에 쓰였다. 손양을 처음 만나자 대뜸 "너 학교 다니가?" 묻고는, 아니라고 고개를 도리도리하자 바로 마음을 허물던 연주는 그새 사랑이의 듬직한 누나가 되어 있었다.
　"엄마, 이제 연주가 나보고 언니라고 불러!"
　연주는 손양에게 언니라고 부르며, 머무는 내내 손양과 동네를 휩쓸

"어느 길로 가야 할지 더 이상 알 수 없을 때
그때가 비로소 진정한 여행의 시작이다"

고 다녔다. 연주에게도, 사랑이에게도, 그리고 손양에게도 잠시나마 동네를 휩쓸고 다녔던 유년의 추억이 커서도 마음을 따스하게 지켜가는 좋은 기억이 되겠지 싶으니 아이들의 노는 모습이 어찌나 고와 보이던지……. 그리고 또 한 명의 손양 또래의 친구는 마을에 유일하게 있는 아이스께끼 가게의 인희다. 아마도 둘레길을 걷는 이들을 위해 아이스크림과 옥수수, 얼린 생수 등을 집 앞에 내놓았을 것 같은데, 여름철 바쁜 밭일에 가게는 제대로 돌아가는 법이 없어 보였다.

"인희야, 할머니 어디 가셨어?"

"할머니요? 밭에 고추 따러 가셨는데요."

"아, 그렇구나. 그럼 언제 오시는데?"

"그건 모르는데요."

"그럼, 아빠는? 아빠는 어디 가셨어?"

"아빠는 밭에 칠 약 사러 가셨어요. 아빠도 늦어요."

"아, 그래? 어쩌지? 우리 아이스께끼 먹고 싶은데……."

"그럼, 그냥 저에게 내세요."

우리는 인희에게 아이스께끼 값을 내며, "바쁜 할머니와 아빠를 대신해서 가게 일을 돕는 너는 정말 멋진 아이다"라는 말과 함께 인희의 어깨를 두드려주었다.

민박집과 민박집에 묵었던 손님과의 인연은 또 다른 가족을 선물해주었다. 손양에게도, 그리고 나에게도.

"엄마! 부르면 대답 좀 하세요. 책만 보지 말고요. 수아가 응가 마렵다고 하는데 엄만 대답도 안 하고…… 급해서 내가 처리했어요."

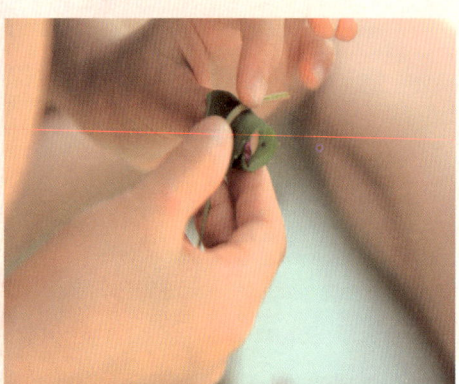

동네 어귀에서 계곡놀이를 하다 다리 밑에서 '처리'를 하고 나온 손양의 뒷이야기가 궁금해서 꼬치꼬치 물었다.

"처리? 무슨? 수아가 응가 마렵댔어? 그래서? 그래서 어떻게 했어?"

"엄마도 알다시피 여기 화장실이 없잖아요. 어쩔 수 없이 수아는 곧 나올 것 같다고 울상이고, 그래서 저어기 다리 뒤에 가서 나무에다가 영양분 줬어요."

"영양분? 나무 아래에? 그 다음엔? 뭐로 닦았어?"

"화장지도 없고…… 그래서 그냥 나뭇잎으로 내가 닦아주고 계곡물로 씻어줬어요."

손양이 그런 일을 처리하는 동안 나는 계곡에 발 담군 채 신선놀음 삼매경이었다. 손양이 급하게 엄마를 불러대는 것도 모르고 말이다. 손에서 응가 냄새난다며 하늘에 대고 손을 흔들어대는 손양을 바라보다 목젖이 뜨거워졌다. 그래도 언니라고, 동생의 뒷일을 엄마처럼 처리해주었다니……. 놀다가 싸우고, 그러다 또 놀고, 티격태격 하는 모습만 봐서는 영락없이 여덟 살인데, 어쩌다 문득 하는 행동은 어른인 나보다 낫다는 생각에 곧 터질 것 같은 풍선처럼 가슴이 벅차올랐다.

정자나무 아래에서 열무김치 넣고 싹싹 비며 먹던 양은비빔밥도, 서로의 손톱에 물들여주던 담벼락 아래의 봉숭아도 그립다. 그리움은 추억이고 기억이라고, 살다 보면 그러한 것들이 내면을 단단하게 해주는 힘임을 느끼게 된다. 느리고 더디게. 그러나 마음껏 마음을 주고받았던 어느 해 여름의 시간들이 손양을 단단하고 야무지고 그러나 따스한 어른으로 성장시켜주는 밑거름이 되기를 바라며 짧은 며칠의 머무름

을 뒤로하고 다시 길을 나섰다.

"도대체 다나 - 손양이 지어준 우리 집 차량 이름 - 는 왜 이 모양이야? 왜 매번 이상한 길만 알려주는 거냐고?"

분명 쉬운 길이 있었을 텐데도 기능이 썩 좋지 않은 차량의 내비게이션에게 툴툴거리자 가만히 듣고 있던 손양이 응수를 해왔다.

"엄마는 누가 엄마에게 바보라고 그러면 좋아요? 다나 탓을 하면 듣는 다나는 기분이 좋겠어요? 다나도 다 생각이 있으니까 그런 거라구요. 보세요, 구불구불길이죠? 운전연습하라고 이런 길을 준거구요. 옆에 보면 경치도 좋아서 엄마 사진 찍기도 좋고요. 그리고 엄마가 항상 그랬잖아요. 쉬운 길보다는 어렵고 힘든 길을 가야한다고요! 괜히 다나 탓만 하고……."

성능 나쁜 내비게이션 덕분에 난생 처음 해발 800미터가 넘는 구불

구불한 861국도를 타고, 노고단 지리산으로 오르게 되었다.

그래, 어렵고 힘든 길을 가라고 했었다. 분명 손양에게 그러라 해놓고서는 정작 나는 내비게이션 도움을 받아 쉬운 길을 가려고 했다. 어린 손양에게 호되게 일침을 당하면서 남편과 서로 눈웃음을 나누었다.

편안하고 정감 있는 산골마을에서 보낸 며칠 새, 손양은 또 그렇게 자라 있었고 아이를 통해 나는 나짐히크메트의「진정한 여행」을 만나게 된다. "어느 길로 가야 할지 더 이상 알 수 없을 때 그때가 비로소 진정한 여행의 시작이다"라는 것을…….

 함양 의중마을 가는 길

동서울터미널에서 함양 마천행 버스 탑승, 마천에 내려 관내버스로 갈아탄 후 의평마을에 하차한다. 마을 근처에는 함양 8경 중 하나인 벽송사와 서암정사가 있다. 마을회관 민박, 한옥체험 민박 등의 이용이 가능하며, 마을 폐교를 단장한 청소년 야영장에서 캠핑을 즐길 수도 있다.

슬로시티의 한옥, 그 느릿한 머묾도 행복하여라

증도 우전마을

성수기가 막 지나갈 무렵, 느릿한 섬 증도에 다녀왔다. 예정에 없었던 발걸음이었기에 당연히 숙소 역시 정해지지 않은 채였다. 당일로 휘익 다녀오게 될지, 하룻밤을 묵게 될지, 열 밤을 묵게 될지……. 여행이라는 것에 계획 같은 건 어쩌면 참으로 무의미한 것 아닐까? 그것이 슬로우시티 증도에서라면 더욱 그렇지 않을까? 하는 생각으로 스스로에게 당위성을 부여하며 증도에 들어서면서부터 주민들을 만날 때마다 인사 끝에 이렇게 덧붙였다.

"안녕하세요? 여기 묵을만한 민박집이 어디가 좋을까요?"

그날 증도 사람들은 약속이라도 한 듯 하나같이 이렇게 대답해주었다.

"이 길로 쭉 가면 우전마을인디, 거기가 참 좋아. 머시냐 한옥마을이 쭈욱 있당께. 시방은 방이 쪼까 있을꺼여!"

지도 한 장과 잘 표시된 이정표만 따라가다 보면, 증도 안에서 우전

　마을을 찾는 것은 어려운 일이 아니었다. 커다란 500년 수령의 당산나무가 있고, 섬사람들의 소박한 생활상이 묻어나 있는 마을에 들어서면서부터, 숙소를 구하지 못해 걱정스러운 마음은 안정되기 시작했다.

　마을은 내 유년시절의 그것처럼 너무나 평화로워 보였다. 증도 안에 한옥마을이 있고, 그 한옥에 머무를 수 있다는 뜻밖의 사실에 갑자기 두서없던 여행이 호흡이 가지런해지며 일순 정리되는 느낌이었다.

　자연을 담고, 자연을 닮은 집이 한옥이라고 했던가? 어릴 적, 나 살던 집이 제대로 된 한옥이었었는지는 잘 모르겠다. 그러나 유년시절의 기억으로 되돌아가서 찬찬히 생각해보면, 차가운 느낌의 시멘트 벽 대신 따스한 흙벽이 있었고, 서까래가 기둥 밖으로 나온 치마는 깊었다. 안방과 건넌방 사이에 마루가 있었고, 하얀 창호지로 된 널따란 창에 침 발라 구멍을 송송 내다가, 나이 차 많이 나는 형님들께 혼꾸멍이 나

기도 했던 것 같다.

　어머니와 할머니의 살뜰한 살림솜씨가 스민 구수한 장 냄새가 익어가는 장독대가 있었고, 넓은 고샅과 마당에서 뛰어놀던 시간 속에서 계절의 변화를 맞이하기도 했다. 안과 밖을 경계 짓는 벽이 야트막하게 있었는지는 아무리 생각해도 기억나지 않는 것이, 아마 우리 동네에는 담벼락 같은 것은 없었던, 너와 나 함께 살던 그런 열린 공간이었나 보다.

　이제, 우리가 증도의 섬 안에서 머무를 집을 우전마을의 많은 한옥 중 한 곳만을 정해야 했다. 조금 더 외지고, 조금은 불편한 길목에 서 있는 한옥을 선택한 것은, 외지고 불편했던 기억 저편의 그리움을 부르는 마음의 신호였을까!

　"계세요? 하룻밤 묵었으면 하는데 방 있습니까?"라고 묻자, 주인 내외분은 대답 대신,

　"아따, 지금 막 감자를 삶았는디 쪼까 드셔보쇼!" 하며 남도 하지감자를 마루에 내오셨다.

　열린 공간 안에서 이렇듯 낯선 타인에게조차 정으로 인사를 나누는 것이 한옥이라면, 우리는 제대로 찾아온 것 같았다. 방 안에 들어와 짐에서 꼬깃꼬깃해진 옷가지와 짐들을 모두 꺼내 하나하나 방에 채워가기 시작했다. 마치 이곳에 오래오래, 한 백밤 머무를 것처럼 말이다.

　증도 우전마을에 한옥마을이 어떻게 형성된 것인지 주인장께 여쭤봤다.

　"긍께, 그거시 나라에서 보조를 해준거시제! 4,000만 원 지원하고

3,000만 원은 무이자로 대출받고 했는데, 한옥 한 채 지을라꼬 본께 그 돈으로는 택두 없당께! 그랑께 여기 증도 사람들이 하고 싶어도 맘뿐인 사람들이 많어."

비록 제대로 갖춰진 집은 아닐지 모르지만, 증도의 한옥은 다른 어떤 집보다 귀하게 지어진 집인 셈이다. 네댓 되는 방은 단출하지만 깔끔했다. 황토벽에 한지를 발랐고 천정은 여느 민박집보다 높아서 시원해 보이는데다, 뒤쪽 푸른 대나무가 보이는 창문에는 세련된 커튼까지 달아놓으셨다. 여간 부지런을 떨지 않고서야 관리가 안 될 것 같은 흰 이부자리도 마음에 들었다. 손양이 폴짝 뛰어 하얀 이불 위에 뒹굴며 "아, 좋아!"를 연발한다.

우리의 옛 전통 한옥이 따로 있는 부엌과 화장실, 욕실의 특징적인 불편함을 갖고 있다면 요즘이 한옥은 그 불편함을 현대화해서 편리함까지 갖춰놓았다. 취사도구가 갖춰진 부엌, 뜨신 물이 철철 나오는 욕실이 물론 편리했지만, 배가 부른 여행자는 불편한 옛 한옥이 그리워

지기도 했다. 그러나 옛 한옥이나 증도의 현대화된 한옥에서나, 변치 않은 것이 있으니 그것은 바로 정이었다.

우리가 묵었던 한옥 민박은 아침을 제공하지 않는 숙소였음에도 우리는 매일 아침 남도의 정감 있고 단출한 아침상을 받았다.
"아따, 아침을 먹여야 혀!"
아주머니 밭에서 딴 양파, 김치, 호박을 송송 썰어 넣은 된장국으로 차려진 아침상을 매번 받아들고, 나는 고마움에 생뚱맞은 대답을 하기도 했다.
"커피 하셨다요? 커피 탈 깝쇼?"
손양은 싹싹 비운 그릇에 자신의 간식을 담아 건넸다. 우리가 건네주고 건네받았던 것은 아마도 밥 한 그릇과 과자 부스러기가 아니라, 차가운 아스팔트에서는 느끼지 못했던 따스한 흙냄새였으리라. 그리고 매일 아침 다정하게 나누던 정다움이었으리라.

민박집에는 주인장을 닮아 정과 애교가 많은 백구도 있었다. 손양만 보면 반가움에 하늘 높이 용수철처럼 튀어 오르는 재주를 부리곤 한다. 무릇 모든 것은 흐르는 풍경을 닮는 모양이다. 한옥민박에는 도시의 형식에 치우치는 딱딱함 따위는 없었고, 증도의 바다 역시 그 한옥을 닮아 있었다.

결국 우리는 그곳에 오래 머무르게 되었다. 휴가가 끝나 다시 일상으로 돌아가기 위해 짐을 꾸렸고, 그 짐에 사꾸난 무엇인가가 더 채워졌다.
"이건 내가 밭에서 딴 양파인데 겁나게 달어."
"이거, 볼펜인디 갖다 써."

"차에 물티슈 없제? 이것도 가져가!"

"보소. 어저께 본께 땅콩 있드만 그거 우리 아그 줘."

더 있다가는 장롱 속 이불까지 챙겨주실 것 같아, 얼른 차에 오르고는 기약 없는 인사를 남겼다.

"겨울에 더 돌아다니기 좋다면서요? 겨울에 다시 올게요."

내 드릴 것은, 늘 그런 부질없는 약속으로 사람을 기다리게 하는 것일지도……. 그리고 모두 함께 아쉬운 마음으로, 열린 공간 한옥의 마루에 앉아 기념 촬영을 위해 "김치"를 외쳤다.

 증도 우전마을 가는 길

서울 강남고속터미널에서 지도행 버스를 타고, 지도 터미널에 내려 증도 우전리행 버스로 갈아타면 된다. 기타 지역에서는 증도 우전리행 직행버스를 타서 엘도라도리조트에서 하차하면 된다.

계절을 담은 찐빵

양평 수미마을

 봄이면 딸기 따고, 여름이면 물놀이하다 감자도 캐고, 가을이면 밤 주우러 다니고, 겨울이면 얼음낚시 한다며 손양과 자주 가는 농촌체험마을이 있다. 바로 경기도 양평군의 수미마을이다. 서울과 가까운 거리도 한몫했지만 양평 수미마을에 첫걸음을 한 이유는 따로 있었다. 수미마을이 브랜드로 성공한 농촌마을이라는 점에서 손양과 관심을 갖고 있는 여행테마인 '공정여행' '착한여행' '마을여행'과 어떤 점에서 교합되는지 체험해보고 싶은 이유였다.

 양평 수미마을은 농촌마을을 기반으로 하는 농업회사법인과 마케팅 회사가 협력하여 '황소의 땅'이라는 브랜드로 공동개발한 마을이다. 우연찮게 체험하던 중, 이웃 마을로 이동하면서 황소의 땅 직원 차를 얻어 타게 되었다. 짧은 이동 시간 동안에도 궁금증을 참지 못하고 이런 저런 질문을 던졌다.

"이렇게 다양한 체험을 제공하시는데 그 정도의 체험비로 마을 주민들에게 돌아갈 이윤이 남나요?"

20대 후반 정도로 보이는 젊은 직원의 다부진 대답이 참으로 인상적이었다.

"잘 운영해야죠. 잘 운영해서 고향을 떠난 젊은이들도 돌아오게 하고 도시인들도 찾아와 정착하게 만들 겁니다. 잘 운영해서 주민들에게도 이익이 돌아가고 또 좋은 곳으로 환원도 하고요."

그런 마음으로 마련된 수미마을 양평딸기 축제는 단순한 딸기체험이 아니라 한바탕 동네에서 펼쳐지는 봄의 난장 같았다. 하루가 어찌나 즐거이 지나가던지, 그 뒤로 계절이 바뀔 때마다 손양과 그 마을을 찾게 되었다.

새콤한 딸기를 따러 갔던 날이 4월 초인데 불과 두 달이 지난 후 다시 찾은 수미마을의 변화, 그 변화를 가장 먼저 알아차린 것은 손양이었다.

"엄마, 이상해요. 여기 저번에 마을 삼촌이랑 징검다리 건널 땐 내 무릎 넘치게 물이 흘렀는데……. 여기가 그때 거기 맞아요?"

가뭄이 전국적으로 극심하여 농부들 애를 태운다는 기사를 신문이나 방송에서나 들었을 뿐, 체감하기 어려운 농촌의 현실을 바로 눈앞에서 만나니 팔자 편하게 물놀이 생각이나 했던 마음에 얼굴이 후끈거렸다.

봄날 딸기축제 때는 무슨 마을의 큰 잔치인 양 수미마을 전체가 들썩들썩하더니, 봄에서 여름으로 넘어가는 수미마을에는 산촌의 고즈넉

함이 여기저기 스며있었다. 떠들썩한 마을은 흥겨워서 좋고, 고즈넉한 마을은 여유로워서 좋은 것은 회색빛 도심에서 언제나 그리워하던 사람 냄새나는 시골이기 때문일 것이다.

양평 수미마을에는 수미찐빵이 유명한데 찐빵에 팥이 아닌 계절이 담겨 있기 때문이란다. 봄철의 수미찐빵이 딸기라면, 여름날의 수미찐빵은 오디, 단호박, 감자를 넣어 만든다. 손양과 그 마을을 찾을 무렵에는 귀하고 귀한 자줏빛 오디찐빵이었다.

봄에서 여름으로 가는 양평 봉상리 수미마을에는 또 다른 변화가 있었다. 오전에 마당에서 마음껏 뛰어놀고 개울을 건너 건너편 수미마을 밤나무숲으로 갔을 때, 손양이 그랬다.

"엄마, 진짜 신기해요. 여기 옥수수밭이 전에 왔을 땐 그냥 넓은 공터였어요. 그래서 삼촌이랑 연날리기 했는데, 여름이 되니 옥수수밭으로 변했어요."

내 일상의 삶이 한 평 텃밭 없이 지내야 하는 회색빛 도심 생활이라 그저 지나가는 사람들 옷차림에서나 그 계절의 변화를 알아차리는데 도시 아이 손양이 이처럼 자연스런 자연의 변화 속에서 계절의 변화를 알아차리는 것은 참 고마운 일이었다.

수미마을 체험장과 건넛마을 사이에는 흑천이 흐르고 있고, 그것을 건너는 공식 이동수단은 트랙터다. 양평의 르네상스, 수미마을의 낭만 트랙터 마차. 누가 이름을 지었는지 모를 멋진 이름의 트랙터가 수미마을 앞개울을 건너 마을 언덕을 넘어오는 모습을 보고 주민 한 분이 웃으며 외친다.

"야~ 트랙터 힘 좋다야!"

그러자 낭만 트랙터마차 운짱이 답한다.

"이거 왜 이러세요! 대한민국 대표 농기구잖습니까!"

트랙터는 타는 것보다는 사실 구경하는 재미가 더 좋다. 어떤 팀은 힘찬 군가를 부르며 오는가 하면 또 어떤 팀은 동네가 떠나가라 고함을 치며 개울을 건너오기도 하고…… 모두가 손양만한 짓궂은 아이 같아서 보는 내내 입꼬리가 올라간다.

한낮의 뜨거운 볕이 잡아먹을 듯한 기세로 내리쬐는 봉상리 뗏목에 앉아 있자니, 어느새 친구가 되어 물장구를 치는 아이들의 유쾌한 웃음과 손양의 고무신 보트 위로 여름 햇살이 부드럽게 반짝인다. 뗏목을 타고 흑천을 건너 감자 캐러 밭에 가자고 노래 부르며 앞장서 가는 손양을 뒤따라 가다 보니 밭으로 앞장서 가시는 봉상리 수미마을 할머

니의 호미 들고 뒷짐 진 모습에 시선이 머물렀다. 나의 시선은 할머니의 굽은 허리에서 굳은 살 배긴 손으로 천천히 따라 옮겨졌고, "할머니, 손 좀 줘봐요!"라는 말이 나도 모르게 불쑥 튀어 나왔다. 할머니는 뭐에 놀란 사람 마냥 반사적으로 손을 뒤로 숨기신다. 그런 할머니 손을 애써 끌어다 내 손과 가만히 포개어 보았다. 뭉클하고 따스했다.

"할매! 너무 훌륭한 손인데 왜 감춰요, 감추긴!"

"흉하다!"

"이건 왜 까매진 거예요?"

"오디 따다 그런 거 아니겠나. 지난주까지 오디 죽도록 땄다."

아! 수미마을 여름 찐빵에 들어간 오디가 할머니가 죽도록 따신 그 오디였구나. 밭 끄트머리에서 감자 캐기에 열심인 손양을 조용히 불러서 할머니 앞에 앉혔다. 그리고 할머니 손을 감싸고 진심으로 감사의 인사를 하도록 했다.

"손양, 세상에서 가장 훌륭한 손이야. 정직하고 부지런한 할머니 손을 꼭 안아 드리렴. 지금 네가 캐고 있는 감자, 그리고 조금 전 네가 만든 오디찐빵에 들어 있는 오디를 자식처럼 키우신 손이란다."

손양이 일어서 꾸벅 할머니께 인사를 드리고 조금 전의 나처럼 할머니 손 위에 자신의 손을 꼭 포갰다.

인연이란 참으로 묘하다. 처음 할머니 손을 매만질 때는 몰랐는데 가만히 기억을 거슬러 생각해보니 할머니와는 두 번째 만남이었다. 지난 봄날, 딸기 따러 왔을 때 마을회관에서 쪼그리고 앉아 설거지를 하시던 할머님들. 그 할머니들 모습이 짠해서 체험을 마친 후 설거지도 도와드리고 부침개도 지져 먹으며 막걸리 한 잔씩 서로 주거니 받거니

했던 할머님들 중 한 분이 바로 이 감자밭 할머님이었던 것이다.

"우리 집에 방 하나 더 있다. 놀러오니라."

상추를 뜯어 감자 망 속에 수북이 넣어주시는 할머니 뒤로 들리는 할아버지 말씀은 더 정겹다.

"국 끓여먹게 아욱도 쫌 뜯어줘!"

아기 상추라며 손양 손에 쥐여주신 부드러운 상추를 내려다보며 손양이 어른 같은 말을 했다.

"할머니, 엄마는 요리를 잘 못해요. 그리고 우린 식구도 적어서 그만 주셔도 되는데요!"

수미마을 너른 평상에서 한숨 푹 자고 난 뒤 수미찐빵을 가지런히 담아 범석 할아버지 댁에 전해드리는 기분, 참 뿌듯했다. 어르신들께 약속드렸으니 아마 자주 수미마을을 찾게 될 것 같다. 여름이 지난 가을에도, 그리고 겨울에도. 언제든 찾아오면 재워주겠다는 범석 할아버지도 계시겠다, 나와 손양에게는 또 하나의 고향이 생긴 셈이다.

양평 수미마을 가는 길

용문역 1번 출구에서 용문 터미널 정류장까지 이동, 일반 22번 버스를 탄 후 봉상2리 수미뜰 정류장에 하차한다. 마을 근처에 친환경농업박물관, 민물고기생태학습관, 황순원문학관 등 아이와 함께 즐길 수 있는 체험학습관이 많이 준비되어 있다. 겨울 김창철에는 '김장나눔여행'도 진행한다.

불편함과 따스함의 이야기

무주 방재마을

전라북도 무주군에 있는 방재마을을 처음 손양과 찾은 것은 우연이었다. 무주의 유명하다는 '와인터널'을 구경하고, 설천장터에서 간단하게 주전부리로 요기를 마친 다음, 무주 나제통문에서 무주리조트 방향으로 조금 가다 보니 양 갈림길이 나왔다. 그중 벌한마을이라 적힌 표지판을 따르다 만난 곳이 방재마을이었다.

마을을 가로지르는 다리 밑으로 작은 물고기들이 떼를 지어 다니는 모습에 물 맑은 산골이라는 느낌이 단박에 들었다. 끝없이 이어지는 좁고 굽이진 산길을 한참 걷고 나서야 집이 하나둘 보이기 시작하는 곳, 틀림없이 이곳은 오지 중의 오지라는 생각이 들었다.

특별한 볼거리보다는 적막한 고샅, 나지막한 돌담과 그 담을 넘어 얼핏 보이는 소소한 일상을 담은 세간들이 전부인 것 같은 곳, 그저 흔히 만날 수 있는 산중마을 중 하나지만 잠시 머물다 보니 잊히기엔 너무

"그래도 우리 마을이 꽃피는 언덕이라
이름도 방재마을이여."

나 아쉬운 풍경들로 가득한 곳이라는 것을 알 수 있었다. 무엇보다 아무도 살고 있지 않은 빈집과 낮은 흙담 아래 피어 있는 들꽃들이 애처로워 차마 그냥 지나치지 못하게 한다. 몇 가구 없는 집들에서는 아무 소리도 나지 않아 그 적막감에 몸이 움츠러들 정도였다. 그러다 발견한 굴뚝의 연기가 사람인 양 반갑고 고마워지기도 할 정도였다.

작아도 너무 작고, 초라해도 너무 초라한 마을이었다. 사람이 살고 있겠지 싶은 성한 집 안에는 거미줄이 홀로 자리를 지키고 있었고, 사람이 살고 있지 않을 성싶은 폐가 같은 곳을 막 지나갈 무렵 어르신 한 분이 고개를 슬며시 내밀며 반색하셨다.

"할머니! 안녕하세요?"

손양과 함께 인사를 드리며 할머니가 앉아 계신 문턱에 쪼르르 가 앉았다.

"이 동넨 늘 일찍 해가 떨어져. 사방이 금세 어두워지는구먼. 누구 찾아 왔소?"

사람이 그리웠던지, 초면의 할머니는 당신의 쓰디쓴 인생살이를 쏟아내셨다. 이 마을 이름이 방재마을 – 처음에는 할머니의 빠진 이 사이로 들린 발음을 제대로 알아듣지 못해 반채마을로 알았다 – 이라는 것, 그래도 예전에는 스무 가구가 넘게 살았고, 젊은이들도 많았지만 이제는 어르신들만 남은 다섯 가구, 그리고 서울에서 온 – 할머니 표현을 그대로 빌자면 – 돈 많은 부부가 새로 지은 한 가구, 이렇게 총 여섯 가구만이 살고 있는 마을이라는 것을 할머니는 느릿한 말씨로 전해주셨다.

"그래도 우리 마을이 꽃피는 언덕이라 이름도 방재마을이여."

사람이 그리워 보이는 할머니 곁으로 손양과 함께 바짝 당겨 앉았다.

이야기를 들으며 슬쩍슬쩍 건너다 본 할머니의 궁색한 살림이 아팠던 것은 아니다. 사람의 행복 순위가 살림살이의 윤택함과 궁핍함의 차이는 아니니까. 다만 할머니 이야기를 들으면서 점점 누구에게랄 것도 없이 부아가 치밀었다. 그 울분과 서러움과 혼동을 단단히 추스르기가 힘이 들 정도였다.

할머니는 농사지을 여력도 안 돼 보였다. 연명을 위한 생필품을 사기 위해서는 아끼고 아껴둔 쌈짓돈을 풀어 택시 한 대를 대절해야만 읍내에 있는 가게에 갈 수 있다고 했다. 그 값이 7,000원이고, 라면 몇 개 사서 다시 집으로 되돌아오는 택시비 7,000원을 제하고 나면 정작 필요한 물품을 사야 하는 돈은 늘 부족하기 마련이라며, 오가는 길 위에 돈을 쓰고 나면 늘 마음이 허해진다고 하셨다. 이해가 잘 되지 않았던 나는 할머니께 여쭈었다.

"할머니. 버스는요? 마을버스 같은 거 없어요? 매일은 아니더라도 일주일에 몇 번도 없어요?"

"없어! 여기 사람이 몇 안 산다고 버스가 안 와! 버스가 못 온대!"

"엄마, 우리 동네는 버스가 너무 많이 다녀서, 맨날 방귀 뀌어서 하늘이 뿌연데⋯⋯. 할머니 동네는 왜 버스가 안 와요?"

버스가 오지 않은 이유를 어찌 설명해야 할지 난감했다. 이 마을이 폐허가 되어가는 이유를 어린 손양에게 어떻게 설명해야 할까.

할머니는 이 척박한 오지가 좋아서 이곳에 살고 계신 걸까? 요즘에는 일부러 오지를 선택해 그곳에서 새로운 삶을 이끌어가는 사람도 있다지만 어쩔 수 없는 숙명처럼 버스도 들어오지 않는 척박한 땅에 살아야 하는 할머니의 삶과는 많이 다를 것이다.

그러한 삶의 무엇을 보겠다고 나와 손양은 여행이랍시고 들어와 여기 이렇게 앉아 있는 걸까……. 머릿속이 복잡해지고 찬바람이 가슴을 쳤다. 손양의 질문에 대답을 못한 채 좀 전에 설천장에서 사온 찐빵을 가져오자 손양이 할머니께 건넸다. "설천장에 갔었어? 나는 가도 맛난 것은 못 사먹어!"라고도 하셨고 "애기나 주지…… 애기 줘! 애기 줘!"라며 손사래 치셨지만 오랜만에 맛보게 될 찐빵에 두 볼이 발그레해지신 모습은 세상에 태어나 처음으로 찐빵을 맛보는 아이 같았다.

"감이라도 따갈려요? 감나무에 저리 감이 열려도 우린 못 따. 힘이 없어서……. 저것들도 죄다 지나가는 타지 놈들이 와서 다 따가. 그러니 어여 따가."

"할머니! 감 드실래요? 감 좀 따놓고 갈까요?"

이가 없어 단감은 드시지 못한다는 할머니께 인사를 드리고 뒤돌아 나오려니 목젖이 뜨거워졌다.

"손양! 다음엔 트렁크에 먹을 것 가득 챙겨 다니자."

"응? 왜?"

"그냥! 함께 나눠 먹고 싶을 때가 많을 것 같아서…… 사실은 그것밖에 엄마가 할 수 있는 일이 없는 것 같아서…… 그래서 슬퍼!"

손양이 꼭 그러자며 내게 새끼손가락을 내밀었다. 그런 우리 등 뒤로 할머니 소리가 메아리처럼 느릿하게 달려왔다.

"위로 쭉 올라가봐! 그러면 벌한마을 나와! 거긴 스무 집이나 사니깐 여기보단 볼 게 많을 겨!"

무주여행에서 돌아와 생각해봤다. '내가 할 수 있는 건 무엇일까?' 하고. 그리고 나는 무주군청 홈페이지에 들어가 글 하나를 남겼다. 작고 초라하고 힘없는 사람들이 사는 마을, 기껏해야 아랫마을, 윗마을 다 합해도 고작 스물여섯 가구밖에 안 되지만 그들을 위해 버스가 다닐 수 있게 해달라고…….

그리고 또 생각했다. 볼거리 있는 마을이든, 볼거리 없는 마을이든, 훌훌 구경삼아 나설 수 있는 나는, 우리는 얼마나 행복한 사람인가. 게다가 어느 곳이든 버스가 운행하는 동네에 사는 우리는 얼마나 많은 것을 가진 사람들인가 하는…….

분명 방재마을은 나와 손양이 살고 있는 마을과는 다른 마을이었다. 여행에서 돌아와서 손양은 문득 문득 할머니 걱정을 하며 '버스만 다니면 참 좋을 텐데……'라는 말을 혼잣말처럼 하기도 했다.

어린 손양이 자라 청소년이 되고 어른이 되는 어느 날, 찐빵 두 개에 어린 소녀처럼 배시시 웃던, 버스도 오지 않은 어느 산골 마을의 할머니 동네를 기억하겠지. 아마도 그 기억 덕분에 다름으로 같아지는 세상을 꿈꾸게 될 것이고, 다름으로 범사에 감사하는 마음 또한 기억해 내지 않을까. 볼 것 없는 방재마을은 지금 당장보다는 먼 훗날에 어린 손양에게 많은 것을 보여주게 될 것이다.

방재마을에서 돌아와 며칠 동안 불편한 마음이 계속되던 차에 우연히 읽게 된 에밀 쿠에의 『자기암시』속 한 구절에서 손양을 어떻게 키워야 하는가에 대한 답을 얻었다.

모든 사람을 차별 없이 사랑하도록 교육시켜야 하며, 도움을 필요로 하는 사람에게는 언제나 기꺼이 도움을 주고, 곤궁에 빠진 이에게는 망설임 없이 시간과 돈을 쓸 줄 알도록 가르쳐야 한다. 늘 타인을 먼저 생각하는 법을 가르치자. 이런 마음의 법칙을 지키면 이기적인 사람은 얻을 수 없는 깊은 만족을 얻을 수 있음을 가르치도록 하자.

🚗 **무주 방재마을 가는 길**
전북 나제통문에서 37번 국도 구천동 무주리조트 방향으로 가다 보면 '구천동한과' 간판이 보인다. 계곡으로 내려서면 벌한마을 입구 표지판이 보이는데 방재마을은 벌한마을 못 미친 곳에 있다. 방재마을 윗동네인 벌한마을에는 '벌한 마을 옛길'이 열려서 오지 트레킹코스로 각광받고 있다.

2장
시장여행

씨앗 하나도 아끼는 시장 사람들

경안 재래시장

"손양! 오일장 가자!"

"비행기 타고 제주로요?"

"무슨, 제주. 경기도 광주에 오일장이 서는 날이야!"

"난 엄마가 오일장이라고 해서 제주 오일장 다시 가는 줄 알았네!"

다녀온 지 몇 주가 지났는데도 제주 여행 중 들렀던 오일장의 즐거운 기억이 솔솔 나는지, 오일장 타령을 하는 손양과 함께 경기도 광주의 경안시장을 다녀왔다. 시장에 가면 바나나도 있고, 당근도 있고, 양말도 있고. 그런 노래를 장단 맞춰 손양과 함께 부르며 떠난 햇살 좋은 여행이었다.

'경안시장'은 경기도 광주 지역을 대표하는 재래시장이다. 이곳 시장은 조선조 때부터 오일장이 섰는데, 조선시대에는 경안역에 속했다고 한다. 옛 기록『중정남한지』를 살펴보면 3일과 8일에 장이 섰다는데,

계산해보면 경안시장의 역사는 적어도 300년 이상이라고 볼 수 있다. 예전에는 이곳에 우시장도 함께 있었다고 한다.

경안시장은 2010년 새로운 모습으로 리모델링되어 경안시장 상인 및 시장을 찾는 시민들의 만족도가 좋아졌다고 한다. 시장 주변으로 대형마트와 중소형 마트가 함께 위치해 있어 지역 상권의 중심지로도 자리매김하는 듯해 보였다.

비록 불량주부라 해도 요즘 장보기 할 때마다 경기침체다, 서민 경제가 어렵다 하는 말이 부쩍 체감된다. 그런데도 방송이나 신문에 소개되는 백화점 명품관이다 백화점이다 하는 곳의 판매실적을 보면, 세상 참 살맛 안 난다는 말 또한 내뱉게 되는 것도 현실이다.

나 어릴 적엔 별것들이 죄다 나와 있는 시장구경만큼 재미난 일도 없었다. 지금은 백화점이나 마트에 나가면 재래시장보다 훨씬 더 많은 세련된 모양의 별것들이 화려한 등 아래 멋지게 진열되어 있어서 구경 나온 사람 눈을 어서 사라 현혹할지 몰라도, 그래도 이런저런 구경하는 재미가 어디 시장에 비할까. 재미라면 일가견이 있는 어린 손양도 백화점 구경보다는 시장구경가자는 말을 더 반가워할 정도니까.

시장에서는 물건구경뿐 아니라 사람구경도 참으로 재미지다. 물건을 파는 이, 물건을 사는 이 모두가 시장통에서는 너나 할 것 없이 '우리'가 된다. 허름한 좌판의 할머니가 내 할머니 모습 같아 마음 한 구석이 짠하면서도, 한편 일 푼이나마 당신의 손으로 직접 벌이하시는 그분들의 강인한 생활력 앞에서는 부끄럽기 그지없는 나태한 내 모습을 다시 뒤돌아보게 된다.

허름한 좌판의 할머니가 내 할머니 모습 같아 마음 한 구석이 짠하면서도,
한편 일 푼이나마 당신의 손으로 직접 벌이하시는
그분들의 강인한 생활력 앞에서는
부끄럽기 그지없는 나태한 내 모습을 다시 뒤돌아보게 된다.

경기도 광주의 오일장인 경안 재래시장에서 손양과 함께 그런 많은 분들을 만날 수 있었다.

"엄마, 저 할아버지는 무엇 하시는데요?"

"빵꾸가 나서 빵구 때우는거여!"

대답은 할아버지가 해주셨다. 할아버지의 능수능란한 솜씨로 푹 꺼진 자전거 바퀴는 금세 탄력 있는 바퀴로 탈바꿈했다. 멀리멀리 지구 끝까지 잘도 달릴 것 같은 자전거로 변신하는 과정을 손양과 유심히 지켜보자니 그 자전거를 타고 달나라 여행이라도 떠나야 할 것 같았다. 물론, 손양의 제안이었다.

"할머니, 좀 도와드릴까요?"

쪼그리고 앉으며 묻는 손양에게 파를 다듬는 할머니는 인자한 웃음

을 지으시곤 괜찮다며 구경이나 하라신다.

"엄마, 저것은 맷돌이지요? 할머니 무얼 가시는데요?"

무엇을 맷돌에 가시는지를 물었는데 귀가 어두우신지 할머니는 전혀 다른 답을 주셨다.

"엉? 내 맷돌이여!"

어릴 적에 이 모습을 나도 집 안에서 종종 봤었다. 할머니와 어머니께서는 식구들에게 먹일 식혜를 만들기 위해 맷돌로 이렇게 엿지름(엿기름)을 가시곤 했었다.

손님이 가리키는 생선을 얼른 봉지에 담는 젊고 힘찬 손놀림도 만났다. 좀 더 적극적으로 "싸요, 싸" 하며 손님의 관심을 끌고자 하는 생선가게 주인의 힘찬 두 팔도 만났다. 정말 장에 온 기분이 났다.

오늘은 당신이 열심히 시장에서 일을 해서 얼마나 벌었을까를 세어 보시는 할머니의 주름진 손은 각박한 세상살이에 버거워 보이는 손이라기보다는 당당하고 멋진 손 같았다. 시장통 안으로 자리를 잡지 못하고 시장 입구에서 조금 떨어진 곳에 벌여 놓은 미역을 팔고 있는 허름한 좌판에게도 손양과 함께 마음속으로 응원을 보냈다.

해거름 무렵에 시장구경을 마치고 집으로 돌아가려는데 손양 부녀가 꽃씨 파는 좌판 앞에 쪼그리고 앉았다.

"손양! 우리 꽃씨 사서 화분에 심을까?"

"응, 아빠! 좋아요! 근데 무슨 꽃씨를 사지?"

해바라기와 봉숭아 씨를 하나씩 사서 저만큼 걸어가고 있는데 뒤에서 부르는 소리가 들렸다.

"아가, 아가! 아저씨!"

혹시나 우리가 값을 잘못 치렀나 싶어 다시 좌판으로 되돌아왔을 때 꽃씨 파는 아주머니, "여기, 여기 이 씨도 가져가소. 아까워서. 가져가 심으면 꽃을 피울 텐데······."

집에 돌아가려고 좌판을 정리하다 보니 벌어진 채송화 꽃씨 봉지 하나에서 까맣고 작은 씨앗들이 나무 좌판 위로 쏟아져 있었던가 보다. 한 봉지에 1,500원, 크다면 크고 작다면 작을 액수일 그 값어치를 떠나서, 아마도 꽃씨 파는 아주머니의 눈과 마음에 그 씨앗들은 자신의 어린 자식들 같았을 테다. 제 자식 잘 보살피고 키우면 크게 될 재목이라 여기는 부모 같은 그 마음 말이다. 아주머니의 그 마음이 너무나 고와 손양은 아빠와 함께 씨앗 하나하나를 조심스레 까만 비닐봉지에 옮겨 담았다.

"한 번 더 싸소! 가다 흘릴라!"

우리도 미처 모르는 새에 씨앗이 봉지 사이로 새어 나갈까봐, 그래서 채송화 꽃을 피우지도 못하고 사라져버릴까 아주머니는 봉지를 겹겹 싸매어 주셨다. 집에 돌아오자마자, 그 고운 마음이 건네준 채송화 씨앗들이 봉지 안에 무사히 있는지, 손양과 봉지 안으로 코를 박고 가장 먼저 확인해보았다. 경안시장 오일장에서 만난 사람들 모두가 봄눈처럼 싱그럽고 활기차 보였지만 아주 작은 꽃씨 하나조차도 귀히 여기는 그 마음은 4월의 벚꽃처럼 화사하고 고왔다.

해가 넘어가자 오일장도 슬슬 파장 분위기였다. 펴놓았던 자리와 미처 팔지 못한 물건들을 다시 챙겨 집으로 돌아가는 오일장 좌판의 할

머니를 해거름에 다시 뵈었다. 할머니의 굽은 허리에 가슴이 시렸다. 아직 다 팔지 못한 할머니의 야채들이 과연 내일까지 신선한 상태를 유지할까 못내 걱정이 되었다. 걷는 것도 불편하신지 가다 서기를 반복하시는 할머니 모습에 당장이라도 달려가 할머니의 수레를 끌어드리고도 싶었다.

"엄마, 그러니까 내가 아까 할머니 야채 다 사 드리자고 했잖아요."

"그러게, 구경 다 한 다음에 사려고 했는데, 네 말대로 할 걸 그랬어."

이 세상에서 사라져가는 마음들이 있다. 겸손한 마음, 희생하는 마음, 절약하는 마음, 배려하는 마음……. 그러나 시장에 가면 우리가 일상에서 쉽게 만나지 못하는 그런 마음들을 쉽게 만날 수 있다.

손양도 어른이 된 어느 봄 날, 시장에서 만났던 이런 마음들을 떠올리며 혼자 배시시 웃게 되지 않을까. 바로 이런 맛에 시장으로 나서는 것 아니겠는가?

🚙 경안 재래시장 가는 길

강변역이나 천호역에서 1113-1번 버스를 타서 광주 종합터미널에 내리면 된다. 40분 정도 소요된다. 광주 종합터미널 정류장에서 도보로 10분 거리에 있다. 장날은 매월 3일, 8일에 상설시장과 함께 열린다.

마음 울적한 날에는 시장으로 나선다

광명 새마을시장

"엄마! 우리, 시장 갈래요?"

손양이 키우는 토끼, 똘랑이를 다음 날 이모네 농장으로 보내기로 한 소식을 듣고는 하도 울어 눈이 팅팅 부은 손양이 난데없이 시장에 가자고 한다.

"엄마, 똘랑이에게 시장구경 시켜주고 싶어요. 생각해보니 나만 신나는 시장구경 했지, 똘랑이는 데려가 주질 못했어요. 똘랑이 보내기 전에 시장구경 꼭 시켜주고 싶어요!"

신나는 시장구경! 손양은 분명 그렇게 얘기했다. 전보다 더 열심히 전국의 시장을 돌아다니기 시작한 것은 처음엔 나의 조바심 때문이었다. 빠르고 편리하고 고급스러운 것만이 최고인 양 모든 것이 그것에 맞춰 시시각각 변해가는 세상 속에서 내가 딸아이에게 보여주고 싶은 풍경들이 어느 순간 연기처럼 사라져 버릴지도 모른다는 불안감과 조바심 때문이었다. 이를테면, 낡은 전파상, 뒷골목 이발소, 좌판 펼쳐진 장터, 오밀조밀한 골목 풍경 같은 것들……. 그리고 그 안에 젖어 있는 사람들의 슬픔과 기쁨. 좌절과 희망. 그런 것들이 사라지기 전에 틈만 나면 나서곤 했다. 함께 느끼며 추억의 앨범에 차곡차곡 쌓은, 낡았지만 정감 어린 풍경들. 그것들은 손양이 성장하면서 돈으로는 살 수 없는 소중한 마음의 자산이 되지 않을까. 그런 시간들을 함께 보내며 아이는 '시장'에 대해 남다른 생각을 갖게 된 것 같았다.

물론 나에게도 변화는 있었다. 흥정에는 영 어설펐던 내가 흥정을 빌미로 시장 상인들과 농담을 나누고, 그러면서 그들의 살아가는 이야기를 주고받을 수 있는 넉살을 얻게 되었다. 그리고 무엇보다 내 유년시절의 따스한 기억의 편린들이 하나둘 그 공간 안에서 되살아나기 시작했다. 일곱 살이었던가, 할머니 손을 잡고 족히 한 시간을 넘게 걸어 도착한 곳은 고소한 냄새가 코끝을 간질이는 방앗간. 할머니는 그곳에서 머리에 이고 간 참깨로 참기름을 짜셨다. 기름이 똑똑 푸른색 병 안으로 떨어지는 과정은 어린 나에게 얼마나 신기했던지……. 그것은 조금 더 커서 오빠가 보여준 로봇 태권브이 같은 미래영화보다 더 짜릿했었다. 할머니와의 '시장가는 길'의 추억을 다시금 생생하게 내 마음 안에 불러올 수 있는 시간들은 순박하기만 했던 일곱 살 막둥이로 다시 돌아가는 듯했다.

어린 손양에게는 '장 보러 가는 길'이 가장 즐거운 여행이기도 하지만, 어느덧 기분이 울적할 때에 마음의 위안과 치유를 얻는 여행이 된 것 같았다. 고마운 일이었다.

갑작스럽게 출발한 시장여행이었던지라 집 근처 시장으로 나서보았다. 경기도 광명 새마을시장으로 가는 버스 안에서 손양과 토끼 똘랑이의 설레어 하는 모습은 마치 병아리들 소풍 같아 보였다. 그런 모습을 흐뭇하게 지켜보다 버스 창문을 통해 들어오는 따뜻한 봄 햇살에 나도 모르게 깜박 잠이 들었는지 "엄마! 시장이예요!" 하고 소리치는 손양의 소리에 벌떡 일어나 버스에서 급히 내렸다.

"엄마! 새마을시장이라고요? 여기서 가는 버스는…… 아! 여기 있다!"

새마을시장! 손양과 여러 시장을 돌아다녀보았지만 이곳만큼 소박한 시장 이름도 없다. 새마을운동도 언뜻 생각나고, 국민체조도 생각나고, 뭐랄까 영화 속에서 간접 체험을 한 70년대 정서와 80년대 추억이 한꺼번에 몰려오는 느낌이다.

  손양과 똘랑이와 함께 시장의 이름만큼이나 소박하고 서민적인 시장 골목을 천천히 걷다 보니 그 이름만큼이나 정이 흠뻑 묻어나는 시장이었다. 그 바람에 해가 저물고 사방이 어둑어둑해질 때까지 시장을 떠날 줄 몰랐고, 덕분에 손양과 똘랑이는 이별의 아픔은 잠시 잊어버린 채, 시장이 주는 흥겨움과 따스함에 마냥 행복할 수 있었다.

  새마을시장은 이름처럼 조금은 촌스러운 시장이었다. 시장 입구에 내걸린 간판도 낡은데다 천정의 아케이드도 지금까지 구경한 시장 중에서는 가장 구식이다. 그런데 참 이상한 일이다. 각양각색의 구식들이 그렇게 아름다워 보일 수가 없고 마음은 절로 편안해지는 거다. 떠나고 싶은 마음이 들지 않을 만큼…….

  전통시장 활성화다, 재래시장 활성화다 하면서 여러 가지 방법이 시도되고 있다. 공공문화프로젝트의 일환으로 시장 안에서의 문화적 소통을 이루고자 하는 시도도 있고, 상인들을 중심으로 하는 지역민과의 나눔을 통한 소통도 바람직한 시도라는 생각이 든다. 궁극적으로는 재래시장이 살아야 서민의 삶이 살아난다는 사실도 중요하지만, 개인적으로는 그 다양한 시도의 과정 중에서 간과하지 말아야 할 점은 '시장의 정서'라는 생각이 든다. 마트처럼 편리해지고 위생적으로 철저한 관리시스템으로 움직인다면 시장의 경쟁력이 높아질까? 재래시장 활성화 방안이 그런 방향으로만 나아간다면 나는 애써 손양과 재래시장구경에 나설 이유가 없을 것 같다

  시장은 시장다워야 하는 것. 긍정적인 정서는 기필코 지켜지고 보존, 발전되어야 한다는 의미다. 덤, 흥정, 에누리 같은 정서는 시장 고유의

문화다. 마트와는 절대 비교가 안 되는 짤 없는 우위 경쟁력이다. 손양과 시장을 돌아다니며 우리다운 것, 시장다운 것이 무엇일까를 고민해 보기도 했는데 반갑게도 광명의 작고 촌스러운 '새마을시장'에서 우리다운 것과 시장다운 것을 만나게 되었다.

나 어릴 적 살던 동네 주변에는 작은 시장이 형성되어 있었다. 학교가 끝나고 집에 가는 길에 꼭 들리게 되는 그곳에서 나는 유난히도 할머니들을 많이 마주칠 수 있었다. 작고 볼품없는 체구로 하루 종일 쪼그리고 앉아 물건을 파는 모습이 어린 내 눈에는 너무 안쓰러워 집으로 달려가 한 푼 두 푼 모은 돼지저금통을 털어 장터 할머니 손에 쥐어주고는 뒤도 안 돌아보고 줄행랑을 쳤던 기억이 막 피어날 무렵, 손양도 새마을시장 입구의 한 할머니에게 눈을 떼지 못하고 있었다.

할머니는 작은 일회용 접시에 굳은 밥 한 술을 김치 일 찬으로 식사를 하시고 계셨다. 그분이 아름다운 노동을 하고 계실지언정 손양의 눈에는 내가 어릴 적 그랬던 것처럼 그냥 안쓰러웠을 것이다.

"할머니, 추우신데 찬밥만 드시면 어떡해요. 여기 뜨거운 국물이랑 같이 드세요!"

시장통에서 젊은 상인 하나가 달려오더니 할머니 앞에 뜨거운 국물 하나를 놓고 뒤돌아 간다. 마음이 놓였다. 그리고 감사했다.

"휴우, 다행이다! 할머니 덜덜 떠시던데, 뜨거운 국물 있으면 따뜻하잖아. 엄마! 우리 할머니기 피시는 쑥 실까?"

손양과 마트에 가서 카트를 끌고 돌아다녔을 걸음에는 만나지 못했을 시장다운 것, 바로 '정'이다.

"엄마! 저 할머니는 물건 파시면서도 책을 보신다. 시장에서 책 보는 할머니는 처음이예요. 똘랑아 그치?"

꽤 늦은 시각, 어두운 시장통 가운데서도 책을 보고 계시는 할머니가 멀리서도 눈에 단박에 들어왔다.

"할머니! 고우세요."

"뭐가 고와, 다 늙었는데."

"할머니 책 읽는 모습이 꼭 선녀 같아요!"

"아이고, 선녀는 무신. 심심해서, 심심해서 책 보는 거여."

심심해서 책을 보신다는 할머니의 책을 손양과 들여다보다가 더욱 깜짝 놀랐다. 할머니는 일본어 소설을 읽고 계셨다. 정확히 따지면 조금은 서글픈 이야기일 수도 있다. 할머니의 연령대로 보아 분명 일제 강점기에 학창시절을 보내셨을 테니…… 개인의 의지와는 상관없이 일본말을 배웠을 것이다. 그래도 광복 이후 지금까지 그 문자를 잊지 않고 문학적 취미로 키우신 할머니의 노력은 역사적 비극과는 상관없이 정말 멋지다는 생각이 들었다.

"엄마! 엄마! 꽃 전등이에요. 분식집 할머니 완전 아이디어 짱이에요. 꼭 나 같아요. 나처럼 창의력이 넘쳐요. 그치, 똘랑아?"

손양의 자화자찬으로 끝나는 말에 쌩그레 웃다가 손양이 말하는 분식집 할머니네 전구로 시선을 옮겨 보았다. 유난히 어두운 새마을시장 통로에서 일을 하려면 전등이 바로 위에서 비춰줘야 하는데, 백열전등의 뜨거운 열은 머리숱이 별로 없는 할머니 머리에는 용광로처럼 뜨거웠을 터. 할머니 가게에 가장 많이 비치된 떡볶이를 담아주는 일회용

은박지를 전등갓으로 활용한 할머니의 센스는 손양 말대로 짱이었다!
 시장에서나 느낄 수 있는 고유한 낭만과 위트다. 새마을시장은 이렇듯 도깨비 방망이처럼 심심하면 뚝딱뚝딱 방망이를 두드려 '재미난 것'을 보여주곤 했다. 그런데다 가격마저 착하다. 새마을시장에서는 기본이 5,000원! 소고기 국거리 무조건 한 팩에 5,000원, 청국장 반값 에누리해서 5,000원, 밑반찬 세 팩에 5,000원……. 5,000원이 넘어가는 것들은 새마을시장에서는 감히 명함도 못 내밀 것 같은 분위기다. 동태 세 마리에 5,000원, 속초 오징어 한 바구니도 5,000원이다. 순두부 한 모는 1,500원, 완도 쌈 다시마는 한 개에 2,000원이다. 파격적인 인심의 가격은 식료품을 넘어 의류에도 고스란히 적용된다. 바지는 한 장에 3,000원이지만 두 장 사면 5,000원이란다. 블라우스 역시 5,000원, 색이 곱고 세련되었다 싶은 옷은 역시나 좀 비싼 가격표가 붙어져 있었다. 8,900원.
 누구든 새마을시장이 붙여놓은 가격표를 들여다보며 시장구경을 하다보면 팍팍한 살림에도 따뜻한 위안을 받을 것 같다. 특별한 모임에 입고 갈 새 바지를 사는 일이 하루하루 허리띠를 졸라매야만 하는 일은 아닐 테니까. 광명 새마을시장의 착한 가격표가 그런 우리 모두를 따뜻하게 격려해주고 응원해주고 있는 것 같았다.
 아빠가 좋아하는 죽을 사는데 손양이 말한다.
 "이모, 많이 주세요!"
 그러고는 까만 비닐봉지에 싸주신 죽 두 그릇을 머리에 얹고 나서는 모습이 영락없는 아줌마다. 죽 두 그릇을 머리에 이고 가는 손양에게 김을 굽던 아주머니가 김 한 장을 손에 쥐어주셨다.

"아가, 야무지게 이고 가라이. 쏟아질라!"

어른이 된 어느 날, 손양은 자신이 사랑했던 토끼 똘랑이와 나섰던 봄날의 시장구경을 어떻게 기억할까?

아주 작은 새마을시장에서 무려 네 시간여를 구경하고 집으로 돌아와 가방을 정리하다 손양의 여행노트를 보니 똘랑이와의 이별문제로 심란하고 우울하던 차에 새마을시장에서 위로를 받았다는 아이의 마음이 고스란히 적혀 있었다.

기분이 울적하거나 슬플 때도 아이 손을 잡고 근처 재래시장에 나서 보자. 자박자박 돌아다니다가 시장다운 것, 우리다운 것과 만나며 웃고 즐기다 보면, 슬프고 암울했던 우리들 마음에 어느새 웃음꽃이 피어난다.

"그래서 시장 바닥은 출렁출렁 웃음바다가 되는 거야, 엄마 그렇죠?"

 광명 새마을시장 가는 길
지하철 7호선 광명사거리역 하차 후 3번 출구로 나와 도보로 10여 분 걸으면 된다.

싱싱 해산물이 봄꽃처럼 피어나는 곳

통영 서호시장

  집에서 무려 430킬로미터를 달려 도착한 통영. 때마침 '통영국제음악제'가 열리고 있어 거리는 톡톡 꽃망울 터뜨리는 봄꽃마냥 활기가 넘쳐나고 있었다. 허기진 배도 채우고, 볼거리 풍성한 장 풍경으로 눈도 즐겁게 하고, 할머니 이야기보따리 같은 정겨운 추억을 손양과 함께 누리고자 가장 먼저 통영 여객선터미널 앞에 있는 서호시장으로 향했다.

  현 서호시장의 대부분은 일본인이 매립한 땅이었다고 한다. 일제강점기에 약 80퍼센트가 매립됐고, 나머지 약 20퍼센트는 해방 후 통영읍에서 매립했다고 한다. 해방직후 황무지로 방치돼 있다가, 당시 일본에서 거의 맨몸으로 귀국한 동포들이 오갈 데가 없어 바로 이 황무지 위에 판잣집 등을 짓고 임시거주지로 삼았다고 한다.

  나중에 그들은 호구지책으로 가설점포를 내어 아침에 상(商)행위를 하기 시작했고, 이것이 계기가 되어 자연히 사설시장으로 변모한 것이

시장에서는 그렇게 된다.
아무것도 아닌 일에도 얼굴에 웃음을 머금게 된다.

오늘날 서호시장의 시작이라고 할 수 있다.

천정이 아케이드로 되어 있어 궂은 날씨에도 장 이용이 원활할 것 같았던 서호시장에 막 들어섰을 때 기대했던 시장의 북적대는 풍경을 찾아볼 수 없었다. 오후 네 시경, 이미 파장 분위기로 상인 몇몇 분만이 가게 뒷정리를 하고 계셨다.

"어? 여기 서호시장 아닌가? 우리 잘못 온 건가?"

시장 구석에서 우거지를 만지고 계시던 아주머니께 다가가 여쭤봤다.

"아주머니, 여기 서호시장 맞죠?"

서호시장에서 서호시장 맞냐는 자다 봉창 두드리는 소리에 아주머니는 어디서 왔냐 물으시더니 친절하게 설명해주셨다.

"여기 서호시장 맞다카이. 여기는 새벽장이야. 장 볼라믄 저쪽으로 가보든가 아니면 길 건너 중앙시장 가면 되는데, 거기 아랑 가믄 밟혀 죽을 낀데."

바닷가 포구 앞의 서호시장은 배가 들어오는 시간에 맞춰 열리는 새벽시장으로 새벽 세 시에서 다섯 시 사이에 최고로 활기를 띠우는 곳이란다. 중앙부를 벗어나 길게 늘어서 있는 시장의 골목 안쪽으로 들어서니 새벽장의 활기에는 못 미치나, 밟혀 죽지 않을 만큼 사람이 북적대는 풍경이 눈에 뜨였다.

3월 하순, 굴 철은 지났지만 멍게 수확 철이라 좌판 여기저기에 가장 많이 놓여 있는 것이 '멍게', 굴 다음으로 눈에 뜨이는 것은 통영의 '미역귀'. 어렸을 적 어머니가 미역국을 끓이실 때면 몇 안 되는 미역귀를 언제나 막내인 내 국그릇에 담아주시며 말씀하셨다.

"미역귀는 귀한 것이니라."

통영 멸치가 유명하다는 말은 들어본 적이 있어 가게 앞을 지나가며 "와아! 통영 멸치 진짜 크다!"라며 내공 없는 불량주부 티를 팍팍 내는 내 말에 가게 아주머니는 너털웃음을 지으시며 말하신다.

"그거 멸치 아이다! 디포리다! 디포리!"

"네? 나폴리요?"

"아이다! 디,포,리! 전어랑 비슷해도 국물 내어 먹으면 기가 막힌다."

아침에 막 잡아왔다는 문어 한 마리 가격을 흥정하시는 모습을 보며, 팍 삶아서 초장에 찍어 먹었으면 좋겠다는 생각도 절로 든다.

포구 근처라 싱싱한 활어회뿐만 아니라 조개와 해산물이 넘쳐나서 손양은 잠시도 좌판에서 눈을 떼지 못하는 눈치다. 뽈락, 학꽁치, 꼴뚜기, 털게, 갑오징어, 바닷장어, 바다 메기, 청정 전복 등 청정 국내 바다에서 잡아 올린 것들까지……. 다른 재래시장보다 유난히 국내산이 많아서 더 반가웠던 시장풍경이었다.

여행 중이라 장보기도 여의치 않은데 은빛깔의 갈치기 히도 먹음직스러워 택배라도 해볼까 싶어 넌지시 물었다.

"우리 바다 갈치예요?"

"우리 것 맞고, 한 마리에 12,000원인데 10,000원만 주소."

저것보다 작은 크기의 갈치를 집 앞 마트에서 15,000원이나 줬는데 인심 좋게 깎아서 10,000원이라니…… 구미가 확 당겨 "택배 되나요?"라고 물으니 가게 아주머니는 나보다 더 안타까우신 듯 대답하셨다.

"토요일 오후는 택배해도 하루 묵혀야 해서, 그냥 안 하는 게 나아!"

어느 가게에서나 우리가 흔히 먹는 것보다 조금 큰 멸치를 다듬고 있기에 손을 달인처럼 빠르게 움직이시는 할머니께 여쭸다. 이리 다듬은 멸치를 사서 어찌 먹느냐고. 집에 가져가서 삶아 먹든가 국 끓여 먹든가 그냥 초장 찍어서 먹는다고 알려주셨다.

"할머니, 그리 먹으면 맛있어요?"

맛있냐는 물음에 멸치를 다듬고 계시던 할머니가 개구진 모습으로 엄지손가락을 위로 쭉 올리셨다. 할머니랑 서로 마주보며 손양과 한참을 웃었다. 시장에서는 그렇게 된다. 아무것도 아닌 일에도 얼굴에 웃음을 머금게 된다.

부지런히 움직이는 서호시장 상인들의 손놀림 사이에서 발견한 도다리! 통영의 봄의 전령사는 꽃뿐만 아니라고 했다. 가을이 전어라면 봄은 도다리라고 했던가! 도다리를 발견하고 나니 마음이 급해졌다.

"할머니, 도다리국 잘 하는 곳 어디래요?"

통영 서호시장은 그렇게 잠자는 미각을 불러오는 시장이었다.

통영 서호시장 가는 길

통영 시외버스터미널에서 40번, 41번 버스로 갈아탄 후 통영 여객선터미널에 내리면 바로 앞에 통영 서호시장이 있다. 통영 시외버스터미널에서 대부분의 버스가 서호시장을 지나니, 이동이 어렵지는 않다. 주차장은 시장 앞 여객선터미널 주차장을 이용하면 된다.

낡은 시계태엽을 감는다

교동도 대룡시장

아무것도 볼 것 없다는 대룡마을에 도착했을 때는 워낙 우여곡절이 많았던 터라 그 어느 여행지에 도착했을 때보다 반갑고 예뻐보였다. 너무 더워서 마을 초입의 점방(店房)에서 손양과 아이스께끼 하나씩 입에 물고 슬슬 여행을 시작했다. 낡은 골목여행의 시작은 빙글빙글, 손양 표현대로라면 이 동네에서 가장 화려한 미용실 기둥을 왼편으로 돌아서면서 시작되었다.

 교동도는 북한과 마주보고 있어 6·25전쟁 때 많은 피난민들이 내려왔던 곳이다. 피난민들이 좌판을 깔고 장사하던 자리로 70년대의 모습이 아직까지 고스란히 남아 있다. 이발관 문이 꼭꼭 닫힌 걸 보니 50년 동안 교동 이발관을 지키고 계신 할아버지는 오늘 어디론가 마실을 나가셨나 보다.

 조용한 골목, 너무나 조용해서 붕~ 날아다니는 날파리들의 날개소

리까지 들려오는 골목골목에는 오랜 세월 동안 변하지 않고 지켜온 모습과 함께 수많은 이야기들이 숨어 있는 것 같았다. 그 이야기가 한 올, 한 올 실타래처럼 풀어져 나오면서 나의 옛 유년 시절이 성큼 내 앞으로 다가왔다.

약국이 아닌 약방으로 들어가시던 할아버지께서 골목 안에서 팔짝팔짝 뛰어다니는 손양을 보더니, 정말 궁금하다는 듯이 물으셨다.

"니는 여가 재밌나? 볼 게 뭐 있다고. 엄마한테 백화점이나 그런데 데려가 달라고 하지."

대룡시장 마을 분들도 그렇게 생각하시는 것 같았다. 자신들의 동네는 볼 게 없는 곳인데 사람들이 간혹 찾아오는 게 이상하고 신기한 모양인 게다. 주인 없는, 부르면 저만치서 기지개를 켜며 달려오는 주인의 만물상 앞에서 손양이 입을 턱 벌리고 서 있었다.

"엄마, 도대체 이 가게에 없는 건 뭘까? 물건이 너무 많아서 정신이 없네."

그렇게 없을 것 빼고는 다 있는 대룡시장 만물상 앞에서 손양과 '이 가게에 없는 것 열 가지 찾기'를 하다 보니 시간이 강물처럼, 구름처럼 유유히 흘러가고 있었다.

이곳에서는 아무리 태엽을 감아도 시계 바늘은 바삐 움직이지 않는다. 다만, 무엇이 그리 바빠서 서두르느냐 물을 뿐이었다.

어느 시골에서나 마찬가지로 이곳 역시 주민의 대부분이 노인층이다. 꼭 그 이유만은 아니겠지만 기분 좋은 나른함이 골목 곳곳에 스며 있었다.

"엄마, 밥 먹어요. 배고프다!"

좁은 골목을 넓은 바다마냥 기웃기웃, 팔짝팔짝 뛰어다니던 손양의 배꼽시계만이 째깍째깍 부지런히 제 일을 하고 있을 뿐이었다. 대룡시장에서 유일하게 밥을 먹을만한 '대풍식당'으로 들어갔다. 강화 순무 깍두기와 함께 나온 40년 전통 국밥의 진한 국물이 노장의 솜씨를 말해주는 것 같았다. 주방에서는 아직도 여든여덟의 시어머니가 음식을 만들어내고, 올해로 20년째 가업을 물려받은 며느리가 식당과 주방을 바삐 움직이고 있었다.

따뜻한 국밥 한 그릇까지 먹고 난 다음의 나른함은 아물아물 피어나는 봄의 아지랑이 같은 편안한 여행에 딱 좋다.

"엄마, 할머니들이 얌전하게 의자에 앉아서 빵모자 쓰고 계신네 신싸 귀여워요!"

손양이 바라본 창 너머 미용실 안에서는 동네 아주머니들과 할머니

들이 날 맞춰 펌을 하고 있는 모양이다. 이제 잠시, 낡고 촌스럽고, 그러나 돈 주고도 구경하기 힘든, 대룡시장의 귀하고 고마운 풍경들을 마음으로 감상해보자.

  대룡마을 최고의 옷 가게 '강화상점', 맑은 초록색 천 한 장이 근사하게 내걸린 주식회사 광염전력, 이렇게 볕 좋은 날은 대룡마을 집집의 이불들이 다 이곳에 모인다. 쪽문 앞에 내걸린 빨래가 어찌나 사랑스럽던지……. 대룡마을 점방에는 노란 비닐봉지 대신 초록색 비닐봉지가 나부낀다. 그 모습 또한 얼마나 고운지 모른다. 달콤한 꽃향기가 넘치는 교동다방까지.

  400미터 남짓한 좁다란 시장통은 사이사이 골목길이 나 있었고, 그 골목 사이에는 다방, 미장원, 이발관, 옷집, 분식집, 전파사, 시계점, 신발 가게, 옷 가게, 화장품 가게, 만물상 등 낡고 칠 벗겨진 간판들을 내건 가게들이 정겨운 이름들을 내걸고 문을 열고 있었다. 손양과 나는 점방 앞에 내걸린 고무줄을 한 줄에 200원씩 주고 세 줄을 샀다.
  "엄마, 우리가 이 골목을 왔다 갔다 하니까, 꼭 이 동네 사람 같아!"
  손양과 단 둘이서 고무줄놀이를 하자니 사람이 부족했다. 하는 수 없이 골목 기둥에 고무줄을 묶었다. 해 그림자가 길어지는 오후에 고무줄놀이를 하고 있자니, 손양은 친구들이 떠오른다고 한다. 2학년 5반 친구도 생각나고, 1학년 때 단짝도 생각나고, 유치원 때 단짝 친구도……. "친구들과 지금 이곳에 함께 있다면 좋았을 텐데, 그러면 더 신나게 고무줄놀이를 할 수 있을 텐데"라며…….
  해가 질 때까지 친구들과 와글와글 고무줄놀이를 하던 내 어릴 적 모

이곳에서는 아무리 태엽을 감아도
시계 바늘은 바삐 움직이지 않는다.
다만, 무엇이 그리 바빠서 서두르느냐 물을 뿐이었다.

습도 그 풍경에 겹쳐졌다. 재미난 시간 여행을 하고 있는 손양을 좇아가며 조금 전 할아버지가 하신 질문이 문득 다시 떠올랐다.

"백화점에나 데려가 달래지, 여긴 뭐 볼 것 있다고 왔어?"

"손양, 백화점에나 갈 걸 그랬나?"라고 넌지시 물으니, 손양은 초록색 봉지가 나부끼던 점방에 우편물을 전해주던 집배원 아저씨에게 다가가, "제 편지는 없어요?"라고 묻고는 쪼르륵 다람쥐처럼 내게로 달려왔다.

"엄마, 내 편지는 없대요."

모든 것이 촌스럽지만 따스함이 묻어 있는 대룡마을의 작은 시장통을 손양은 마치 자신이 사는 동네로 착각했나 보다. 이곳에서 보냈던 행복하게 나른했던 하루를 어린 손양이 오래 기억해주었으면 좋겠다.

교동도 대룡시장 가는 길

강화도 하점면 창후리 선착장에서 교동도 가는 배를 탄다. 배 삯은 1인당 2,300원이며, 승용차 이용 시 왕복 운임비는 32,000원이다. 거리는 약 3킬로미터로, 15분이면 교동도 월선포 선착장에 도착한다. 배 시간이 때때로 변하니 사전에 미리 확인하는 것이 좋다.

당신들의 삶을 응원합니다

곡성 시골장터

　남도의 소읍, 곡성 여행의 중심은 기차마을이 조성되어 있는 '구곡성역' 주변이다. 곡성역은 사라진 간이역이 주는 과거의 아련한 느낌 대신 언제 봐도 밝고 활기찬 오늘과 내일을 보여주었다. 그런 풍경이 조금은 낯설었지만, 이제는 더 이상 제 구실을 하지 못한다고 해서 사라진 것들의 '가치'가 모두 잊히는 세상은 아니라는 반가운 발견은 곡성 소읍 여행의 재미를 편안하게 더해주었다.

　이틀 동안 곡성에 머물며 역 주변 이곳저곳을 배회하다가 밝은 기차마을과는 조금은 달라 보이는 빛깔의 세상을 만난 것은 해가 중천에 쨍하고 떠 있던 가을의 이른 오후, 따가운 볕을 피해 잠시 쉴 곳을 찾아 두리번거릴 때였다.

　부채처럼 사방으로 뻗치는 햇살에 조금은 지쳐갈 무렵, 내 눈에 들어온 빛바랜 간판들과 무겁게 닫혀 있는 낡은 철문······.

이 모든 가게들이 오밀조밀 모여 있는 '옛날'의 중앙광장으로
'오늘'의 사람들이 걸어가고 있었다.
자신들이 살면서 영화 속 장면에서나 보았음직한 풍경 속으로,
혹자는 '나 때도 딱 저랬다'며 울컥 올라오는 옛 감정을 만나는 풍경 속으로……

"손양, 이상하지 않니? 여기, 이 길가의 모든 것들이 조금 슬퍼 보이지 않니?"

"낡아 보이긴 해요!"

낡고 슬퍼 보이는 풍경에 이끌리다시피, 우리는 무작정 사람들이 없는 곳으로 걷기 시작했다. 가다 보니 골목은 막혀 있었다. 다시 돌아나와 보니 이곳은 곡성기차마을 반대 방향의 곡성역 바로 바깥의 장터였다. 그 뒤로는 영화촬영지도 있는 곳인데 에둘러 뒤로 돌아오니 미처 이곳인지 몰랐던 것이다.

옛 곡성역 옆에는 영화 「아이스케키」「태극기 휘날리며」를 비롯해 드라마 「토지」「경성스캔들」「야인시대」 등을 찍었던 세트장을 만날 수 있다. 영화촬영이 완성된 뒤로는 그 관리가 몹시 허술했음을 보여주고 있지만 우리나라 과거 1960년대의 삶의 풍경이 고스란히 담겨 있는 곳이기도 했다.

오른쪽에 왼쪽으로 쓴 옛날식 간판의 국밥집, 양곡집, 중앙식당, 서독제과, 빛바랜 영화 포스터가 내걸린 극장, 미제 수리 전문의 텔레비전, 전축 취급 에디슨 전파사……. 이 모든 가게들이 오밀조밀 모여 있는 '옛날'의 중앙광장으로 '오늘'의 사람들이 걸어가고 있었다. 자신들이 살면서 영화 속 장면에서나 보았음직한 풍경 속으로, 혹자는 '나 때도 딱 저랬다'며 울컥 올라오는 옛 감정을 만나는 풍경 속으로…….

한참을 둘러보다 시끌벅적 소리가 나는 곳으로 들어가 보니 예쁜 꽃무늬 미니스커트를 입은 여장 남자가 북을 두드리고 있었고, 뺑덕어멈 차림의 두둑한 체격의 여자 하나는 장구를 치고 소리를 하고 있었으

며, 한쪽에서는 진달래빛 한복을 곱게 차려입은 엿장수가 찰각찰각 가위질을 하고 있었다. 사실 내 어릴 적에도 이런 풍경은 자주 접해 보지 못한 풍경이다. 그런데도 참 이상하지, 나는 어릴 적 늘 이런 풍경을 곁에 두고 살았던 것처럼 익숙하고 편안했다. 세상은 정말 많이 변했다. 어쩌면 강산보다는 사람이 더 많이 변했을지 모를 일이다. 내 뒤를 따라오는 줄로만 알았던 손양은 엿장수를 보았던 처음의 그 자리에 목석처럼 서 있었다.

"엄마! 저 사람들 뭐하는 사람들이에요?"라고 손양이 물었을 때 내가 대답하기도 전에 힘 있는 목소리의 여장 남자가 대답해주었다.

"우리 같은 사람들 괄시하지 마셔요. 우리가 뭐하는 사람이여요? 우린 남의 것 도둑질 안 해요. 우린 나 좋자고 남 헐뜯지도 않는당께. 넘의 여자 넘보지도 않고, 넘의 남자 꼬시지도 않어. 내 자식 보기에 부끄러운 일은 당최 않혀! 그런데도 사람들은 이런 장터에서 이런 모양으로 노래 부르고 춤추고, 엿이나 판다고 괄시하대. 그러지 마요. 우리가 이렇게 놀면 어르신들 겁나게 좋아하잖여. 마구 웃잖어. 그럼 된거여! 나도 이렇게 엿 팔고 노래 팔아서 우리 자식 공부시키고 밥 먹여요."

목젖 저 아래에서 용광로처럼 뜨거운 무엇인가가 올라왔다.

"엄마! 저 아저씨 이야기는 굉장히 슬퍼. 그런데 음악은 또 굉장히 흥겨워. 엄마랑 내가 부르는 캠핑노래처럼. 이야기는 슬픈데 왜 노래는 즐겁게 부르는지 모르겠어요."

손양은 아예 바닥에 쪼그리고 앉아 곡성의 넝가수 아저씨의 노래 메들리와 이야기에 빠져들었다. 나는 손양의 뒤에 앉아 손양과 곡성역 앞 시골 엿장수 모두를 지켜보았다. 기분이 묘했다.

'엿판의 저 엿이 저 사람들의 생계 수단이란다. 저 엿판을 다 팔아야만 저 치마 입은 아저씨가 돈을 벌어 집으로 즐거운 마음으로 돌아갈 수 있을 거야. 세상엔 각양각색의 일들이 있어. 높고 낮음이 없는 그런 일들. 다만, 색깔들만 조금 다를 뿐이야. 저 아저씨 말대로 남 헐뜯지 않고 정성당당하게 사는 사람이 가장 훌륭한 일꾼이야.'

손양에게 해줄 말들을 꿀꺽 안으로 삼키고 나 역시 장터 놀이판에 빠져들기로 했다.

그들의 구성진 노래와 춤을 보고 있자니, 그들의 작은 무대에 흥에 겨워 손뼉 치고 웃는 장터 관객들을 보고 있자니, 조금 더 '높은' 위치에 올라보겠다고 아등바등 살아가는 삶들이 참 구차하게 느껴졌다. 높은 곳에 있는 사람들은 어쩌면, 가장 낮은 자리에서 살아가는 재미를 모르는 몹시도 불행한 사람들일지도 모르겠다.

"우리 삶도 제법 살만하당께!"

나를 향해 엿장수가 외쳤다.

🚗 곡성 시골장터 가는 길

곡성역은 새로 생긴 곡성역과 증기기관차가 다니는 기차마을로 조성된 구곡성역이 있다. 영화 촬영지와 시골장터는 구곡성역에 내려야 한다. 곡성 공용정류장에서 택시나 군내버스를 이용하면 된다. 도보로는 20~30분 정도 소요된다.

사람 냄새 물씬한 행복한 풍경

주문진 수산시장

"어르신! 주문진 시장 가려고 하는데요, 어디로 가야 할까요?"
"아, 주문진 시장! 이짝으로 쭉 가다 보믄 왼쪽에 표지가 있어."
비 오던 1월의 어느 겨울날, 바쁜 걸음 중에도 우리에게 친절한 손짓으로 길을 알려주시던 주문진 어른들의 정성에도 불구하고 우리는 주문진 시장을 쉬이 찾지 못했다. 나중에 알고 보니 이유는 이러했다. 내가 말하는 주문진 시장은 신선한 수산물을 취급하는 '주문진 수산시장'이었고 주문진 사람들이 일러주었던 주문진 시장은 오랫동안 주문진의 대표시장 역을 맡고 있는 '주문진 중앙시장'이었던 것.

주문진 사람들에게는 강원도의 대표적인 수산시장으로 꼽히는 수산시장부터 건어물시장, 주문진 중앙시장을 통틀어 주문진 시장으로 불리고 있었다. 사실 위치로도 세 시장이 모두 가까운 거리에 있음에도 주문진을 처음 찾는 이방인에게는 이 세 곳의 시장을 찾기는 미로만큼

이나 어려웠다.

　서로 달리 알고 있던 주문진 시장을 찾느라 많은 시간을 허비하긴 했지만 대신 시장 근처에서 즐거운 골목여행을 할 수 있었다. 주문진에 가면 항구 특유의 수산물과 건어물 같은 풍경만 볼 줄 알았는데 의외로 사람 냄새 물씬한 골목들이 반갑게 우리를 맞아주고 있었다. 그래서 다음에는 손양과 '주문진 시장'이 아니라, 고즈넉한 '주문진 골목여행'을 해야겠다고 마음먹게 될 정도로 마을과 시장은 골목을 끼고 형성되어 있는 따뜻한 항구 마을이었다.

　어찌어찌 주문진 수산시장을 찾았다. 항구 쪽 대형주차장을 중심으로 양쪽으로 늘어선 시장의 분위기가 사뭇 달라 마침 눈에 뜨이는 안내센터를 찾아가 느닷없는 질문을 하게 되었다.
　"양쪽 모두가 수산시장인가요? 분위기가 상당히 달라서요."
　내 질문이 감당 안 돼서인지 친절한 안내센터 직원은 사무실 서랍 안에서 금쪽같은 책자를 내 가슴에 한 아름 안겨주었다.
　그 자료를 보니 주문진 시장의 원래 위치는 지금의 수산시장 북쪽 공터에서 시작해서 항구 쪽으로 길게 자리 잡고 있었다고 한다. 한 30여 년 전 쯤 수산시장은 공판장이 있던 자리에 지어진 지금의 건물로 이사했고, 5년 전쯤 주차장 맞은편의 시장은 좀 더 현대화된 시설로 리모델링되었다고 한다.
　두 곳의 분위기는 같으면서도 달랐다. 우선 가격 면에서는 주문진 부두 근처의 시장이 조금 더 저렴했다. 그러나 가격 차이가 사소한 것처럼 느껴지게 하는 확연한 공통점은 바로 '밝고 활발한 기운'이었다.

"어르신, 요즘 장사 잘 되세요? 잘 되어야 할 텐데!"

"암, 이번 주만 명절이라 고향 간다고 한산하제. 다른 때는 사람들이 항상 몰려와. 수산시장은 우리 주문진이 최고제!"

우리 주문진이 최고라고 말씀하시는 가게 주인 할머니의 모습은 당당하고 아름다웠다. 요즘 재래시장이 살아나야 한다고 많이들 말하지만 손양과 종종 들려보곤 하는 시장의 상황은 늘 녹록지 않아 보였다. 그런데도 주문진 시장은 근래 찾아본 시장 가운데는 가장 활발한 곳이었다. 무슨 이유에서일까? 시장을 돌아보다 나는 그중의 한 이유가 될 수 있을 것 같은 이야기 하나를 전해들을 수 있었다.

주문진 시장의 신나는 변화의 중심에는 문화체육관광부와 강릉시가 지원하는 전통시장 활성화 노력이 있었단다. 2008년부터 2년간 문전성시(문화를 통한 전통시장 활성화 시범사업) 사업이 진행되었고, 이를 통해 평범한 공간인 전통시장이 다채로운 문화공간으로 탈바꿈해 지역민과 상인이 함께 어울리는 소통의 공간으로 변신했다고. 그런 이야기를 듣고 나니 손양과 시장 곳곳을 둘러보는 재미에 마치 고소한 참기름이 더해진 느낌이다.

주문진의 가자미, 오징어, 고등어, 큼직한 알이 일품인 도루묵은 겨울에 가장 맛이 좋다. 어획량이 많기 때문에 값이 저렴한 편이지만 맛은 고급 생선 못지않다. 50마리에 만 원이라니, 빠듯한 서민들에게도 빈가운 생신이다.

그뿐 아니다. 연말에서 봄까지 주문진을 비롯한 동해안 포구에서 많이 잡히는 홍게가 그득한 주문진 시장을 둘러보자니 입안에 침이 절로

주문이 많아 주문진이라는 주문진 시장은
그렇게 밝고 사람 냄새 물씬한 풍경의 것들로,
시장 그 이상의 볼거리와 느낌들을 주는 곳이었다.

고였다. 살이 찬 것으로 보자면 북한산 대게나 바다 건너온 러시아산이 앞서지만 '신토불이'라고 했던가, 국내 홍게가 맛으로는 제일이라며 수산시장 사람들은 엄지손가락을 쭉 내민다.

"홍게 좀 쪄주세요! 맛나게요!"

홍게찜을 배불리 먹은 다음 주문진항으로 가는 길 양쪽에 늘어선 건어물 시장은 가장 많은 손님들이 몰려든 곳으로 유명하단다.

주문진 건어물시장의 뒤쪽에 위치한 '종합시장'은 낡고 좁은 골목에 형성된 재래시장이었지만 새 간판으로 옷을 갈아입었다. 마치 낡은 마을이 벽화 하나로 새로이 변화하듯 간판 하나로 시장의 분위기가 화사해지고 사람들까지 밝게 만들어놓은 것 같았다.

"엄마! 비옷 입은 할머니 너무 예뻐요!"

"할머니! 비옷 입은 모습이 너무 예쁘시다는대요?"

어느새 겨울비가 내리고 있었고 시장을 나오다 보니 비옷을 입은 채 좌판의 생선을 이리저리 손보시는 할머님들. 예쁜 모습을 담고 싶다 하니 손사래 치시더니 막상 카메라 앞에서는 포즈를 취하시는 폼이 여간 귀엽지 않으셨다.

주문이 많아 주문진이라는 주문진 시장은 그렇게 밝고 사람 냄새 물씬한 풍경의 것들로, 시장 그 이상의 볼거리와 느낌들을 주는 곳이었다.

🚗 **주문진 수산시장 가는 길**

강릉 시외버스터미널에서 주문진행 시외버스를 타면 된다. 버스 이용 시 서을 기준 세 시간 정도 소요된다. 열차 이용 시에는 강릉역에 내려 주문진행 시내버스(300번, 302번, 315번)를 타면 된다. 강릉에서 주문진까지는 30분 정도 소요된다.

사람들의 폭폭한 삶의 냄새

간월암 포구시장

충남 서산의 간월암을 둘러보고 내려와 손양이 화장실 용무가 급하다고 해서 횟집이 늘어서 있는 포구 쪽으로 서둘러 내려오다 걸음을 멈추게 한 풍경을 만났다.

"엄마! 할머니 손 정말 빨라요. 굴 까기 명인이에요, 명인!"

포구 바로 앞 좌판에서 굴을 까고 계시던 할머니 손은 손양 표현대로 장인이라 칭하기에 부족함 없을 정도로 절도 있는 동작에 빠르고 정확했다. 손양은 가려던 걸음을 멈추고 할머니 바로 앞에 쪼르륵 달려가 자리를 잡고 앉았다.

"할머니! 진짜 빨라요! 할머니 명인이에요, 명인!"

손양의 칭찬에 할머니는 엷은 미소를 띠셨다. 자세히 보니 우리 할머니 빨간 립스틱을 소녀처럼 바르시고 나오신지라 미소가 춘삼월 피어나는 진달래처럼 화사했다.

"할머니! 이거 다 할머니가 캐오신 거예요? 오늘, 날도 이렇게 추운데?"

"아침에 일찍 바다에 나가서 나가 다 캔 거거만유."

부지런한 할머니, 추운 날에도 아랑곳 하지 않고 새벽같이 바다에 나가 손수 캐오신 피꼬막, 소라, 고둥을 가만히 보고 있자니 어디선가 바닷가 사람들의 폭폭한 삶이 바람에 실려 코끝에 전해져오는 것 같았다.

"잡숴봐유. 얼른 한번 잡숴봐유. 안사도 되니께!"

말을 건네시면서도 할머니의 손은 쉼 없이 움직이는데 안타깝게도 할머니의 초라한 가게에는 손님이 들지 않는다. 맞은편 번듯한 가게에서는 손님들이 굴을 구워먹느라 소란스러움이 가득한 반면, 따뜻한 모닥불까지 켜놓았음에도 할머니의 노상 가게는 여전히 수다 떠는 손양만 있을 뿐이다. 우리가 여행 중만 아니었어도 할머니의 장인 솜씨로

깐 생굴을 한보따리 사가지고 갔을 텐데······. 아쉬운 마음에 가는 사람을 붙잡고 손양과 느닷없는 호객행위를 하게 되었다.

"아주머니, 굴 사세요. 정말 맛있어요. 먹어보니 정말 맛있어요."

"할머니가 새벽에 바다에 나가 캐 오신 거예요. 이렇게 한 통이 만 원이에요."

"에? 양이 적다고요? 아녜요. 양 안 적어요! 저기 가게에서는 아마 이보다 값을 더 주셔야 할 걸요?"

몇 번씩 양이 적다며 미적대던 아주머니가 그냥 가시자 그렇게 마음이 허탈할 수가 없다. 그렇게 어설픈 장사를 하고 있는데 근처에 다녀오신 할아버지가 가게로 오시더니 할머니에게 핀잔을 주셨다.

"먹어보라고 말만 하지 말고, 머시 있어야 울 아그가 먹지. 젓가락 좀 줘봐유."

할머니가 미처 생각지 못했다는 듯 벌떡 일어나시더니 우리에게 젓가락과 조새(굴까는 꼬챙이)를 건네셨다. 손수 생굴을 입에 넣어주시는 바람에 생굴을 먹지 못하는 남편이 욕 좀 봤을 테지만 어르신들의 푸근한 인심 덕에 생굴의 새로운 맛을 느끼지 않았을까!

갯바람을 맞으며 묵묵히 일하시는 할머니는 아름다우셨다. 새벽에 바다일 나가시는 게 힘드시지 않냐는 나의 우문에 그래도 바다가 있으니 일을 할 수 있고 생계를 꾸려갈 수 있으니 도리어 고맙다는 현답을 주시는 할머니.

그래, 희망과 도약은 지금 이 자리가 싫어서 도피하고 절망하고 더 높은 자리만을 탐하는 자에게 오는 것이 아니라, 지금 나의 자리에 온전히 감사하는 마음이 있어야만 날개를 달고 오는 것이리라.

우리가 자리를 털고 일어나면 손님들이 들까 싶어 아쉬운 인사를 드리고 나오는 길, 포구 입구에 팔고 있던 따뜻한 가래떡을 몇 개 사서 손양 손에 들려 보냈다.
　"엄마, 할머니랑 할아버지가 몇 번이나 고맙다고 하셨어요. 웃으시며 손도 흔들어주시고. 할머니도 가래떡 좋아하신대요."
　1년 365일, 비가 오나 눈이 오나 자리를 지키시는 노부부라고 가래떡 파는 아주머니가 귀띔해주셨다. 2011년 마지막 날 손양과 함께 만난 사람 풍경은 따스한 흑백사진의 담담함으로 남을 것 같다.

🌸 간월암 포구시장 가는 길
동서울 버스터미널이나 서울 남부터미널에서 서산행 버스를 이용한다. 서산 공용버스터미널에 내려 간월도행 610번 시내버스로 갈아탄 후 간월도에 하차한다. 40분 정도 소요되며 간월암까지는 도보로 15분 정도 소요된다.

3장
골목여행

사라진 달동네를 추억하다

송림동 골목길

 나는 이만큼의 나이가 되도록 다행인지, 불행인지 '달동네'라 불리는 곳에 살아보지 않았다. 달동네에 살아보지도 않았으면서, 아이와 함께 그곳의 삶을 여행자가 되어 구경하는 일은 언제나 미안하고 조심스러운 일이다. 1박 2일의 인천 여행을 떠나면서 내 여행노트 한쪽에는 이미 '수도국산 달동네'라고 적어 두었지만 발걸음은 더디고 느리게 그곳으로 향했다.
 달동네 박물관이 있는 인천 동구 수도국산(만수산 또는 송림산이라고도 불리는) 꼭대기에는 옛날의 오밀조밀한 판자촌 대신 높다란 고층의 아파트가 위압하듯 우리를 반기고 있었다. 아이는 아직 모른다. 얼마 전까지만 해도 이곳에 터를 잡고 살았던 사람들의 삶을…… 나 역시도 잘 모른다. 아무것도 모르는 손양은 박물관 앞 광장의 넓고 푸른 풀밭에서 행복하게 뛰기 시작했다. 그런 손양과 함께 '달동네 박물관'에 들

어서기 전, 올라왔던 오르막길을 다시 천천히 내려가 보기로 했다.

수도국산 박물관이 세워져 있는 아랫길로 다시 내려오면 작은 골목들이 불쑥불쑥 나타나는 소박한 골목풍경과 만날 수 있다. 한 사람 겨우 지나갈 수 있는 골목길 끝의 대문 앞에 사람들은 한 뼘 텃밭을 가꾸며 살고 있었다. 그 텃밭은 작은 스티로폼 박스이기도 했고, 깨어진 고무대야이기도 했다.

"와, 손양! 이렇게 많은 전선줄을 본 적이 있니?"

고층 빌딩숲, 고층 아파트촌에 살다 보니 도시 미관이나 뭐다 해서 공중의 전선줄을 보기 힘들었는데, 미관은 뒷전, 오랜만에 만난 얽히고설킨 전선줄이 인간적이라는 생각이 들었다.

달동네 박물관 아래의 행정주소는 송림동 또는 배송로다. 그곳에는 걷다 보면 빙긋 웃는 소소한 풍경들이 아직 살아 있었다. 그리고 그 소소한 풍경을 가장 먼저 발견하고, 가장 먼저 호의적인 인사를 나누는 이는 바로 어린아이인 손양이었다. 마치 시골 할머니집 같은 따뜻하고 소박한 한옥교회를 발견한 것도 손양이었다. 이곳에서 마을 사람들이 예배를 보는 모습을 상상해보니 떠오르는 것은 말간 햇살이었다. 손양이 치맛자락을 올려 길가에 떨어져 있는 꽃잎을 줍기 시작한 것은 힘든 오르막길을 거의 내려와 마을의 쉼터 부근에 닿을 무렵이었다.

"엄마! 이 꽃 너무 예쁘지 않아요? 떨어져 있는 것은 주워 담아도 되죠?"

손양이 열심히 낙화한 꽃송이를 주워 담는 걸 보더니, 지나가는 마을 분들이 저마다 한마디씩 건네시며 웃음을 나눠주고 가셨다.

"그 꽃 이름은 감꽃이란다."

"우리 집 마당엔 아주 수북이 쌓여 있구먼!"

"아고, 뭐 하러 우리 공주가 그 꽃을 주워 담을까나. 우리한텐 미운 꽃이구먼!"

미운 꽃이라는 말에 손양이 까불까불 달려가 말씀을 건네신 아주머니께 여쭸다.

"왜요? 예쁜걸요?"

"저넘의 꽃이 이맘때 5월 끝자락부터 감꽃이 떨어지기 시작하면 아주 우박처럼 내려. 지나가다 보면 우박을 맞아. 어째서 우리 딸 아이 새로 산 차 위로만 많이 떨어지는지 모르겠네!"

그렇게 말씀하시는 아주머니가 길가 옆에 세워진 앙증맞은 소형차 위를 손으로 쓱쓱 쓸어내리셨다. 참았던 웃음이 터져나왔다.

"따님 차 위가 제일 깨끗한걸요. 감꽃이 예쁜 차 위로는 안 떨어지나 봐요!"

아주머니도 그러냐며 따라 웃으셨다. 감꽃이 피어 있는 인천 송림동 고샅에 웃음꽃이 함께 피어났다.

치마 자락에 주워 담은 감꽃을 하나라도 땅바닥에 흘릴까 손양은 여간 조심해서 길을 걷는 게 아니었다. 그러다 어느 낡은 문 앞에서 우뚝 서서 혼잣말처럼 그러는 거다.

"엄마! 이 동네 문들은 다 낡았어요. 불쌍해. 내가 이렇게 꽃으로 장식해주면 아주 특별한 문이 될 거야. 지나가는 사람들도 꽃 장식을 보고는 아! 예쁘구나! 할 테고, 그럼 이 칭찬을 듣는 이 문도 금세 기분이 좋아질 거야. 그렇죠?"

"엄마! 이 동네 문들은 다 낡았어요. 불쌍해.
내가 이렇게 꽃으로 장식해주면 아주 특별한 문이 될 거야.
지나가는 사람들도 꽃 장식을 보고는 아! 예쁘구나! 할 테고,
그럼 이 칭찬을 듣는 이 문도 금세 기분이 좋아질 거야. 그렇죠?"

세상에는 별 의미 없고, 소중히 다뤄지지 않은 것들도 많다. 마치 잊힌 달동네의 애환 서린 삶처럼 말이다. 페인트칠이 다 벗겨진 채 낡아 빠진 이 대문처럼 말이다. 그 대문에 손양은 관심과 애정으로 꽃 장식을 해주었다. 그리고 '특별한 문'으로 만들어 기억하겠다고 했다.

내가 손양과 함께 달동네에 온 '목적'과 '의도'를 손양은 감사하게도 박물관 '안'이 아닌 박물관 '밖'에서 스스로 깨달았다. 멀리서 다시 본 '손양의 꽃 대문'은 어쩐지 달라보였다. 마치 관심과 사랑으로 서로를 길들여 특별한 관계를 맺은 어린왕자와 여우처럼. 손양과 낡은 문도 잠깐 새 관심과 사랑으로 길들여진 탓인지도 모르겠다.

달동네 박물관 아랫자락까지 내려와 발견한 낡은 의자를 이용해 만든 기다란 벤치 위에도, 손양은 치맛자락에 담아 온 감나무 꽃을 하나하나 놓아서 못난이 의자가 아닌 특별하고 예쁜 의자, 그래서 누구라도 이 의자에 앉으면 절로 행복해질 것 같은 의자로 만들어가기 시작했다.

그런 손양의 모습을 지켜보면서 아이가 태어나면서부터 시작했던 8년 간의 길 여행이 키운 곱고 강한 내면의 힘을 발견하게 되었다. 누군가를 사랑한다는 것은 우리의 인생 과업 중 가장 어려운 마지막 시험이며 다른 모든 일은 그 준비 작업에 불과하다는 릴케의 말을 떠올리며 서서히 내려왔던 길을 다시 헉헉대며 올랐다. 고샅을 돌고 나니, 달동네 박물관 안에 소장된 옛 시간들과 만나도 좋을 것 같았다.

수도국산 꼭대기에 언제부터, 어떻게 달동네가 형성되었을까? 박물관이 설명하는 자료를 인용하자면 이렇다. 일제강점기 한국인들은 일본인에게 상권을 박탈당하고 중국인에게는 일자리를 잃고, 인천 동구 송현동, 송림동과 같은 신설 마을로 찾아 들었다. 비탈진 소나무 숲은 가난한 사람들의 보금자리로 변모했고, 이어 6·25전쟁으로 고향을 잃은 피난민들이 대거 몰려들었으며, 1960~70년대에는 산업화와 함께 전라도, 충청도 지역 사람들이 일자리를 찾아 도시로 모여들었다. 산꼭대기까지 점차 작은 집들이 들어차면서 마침내 수도국산 비탈에 3,000여 가구가 모둠살이를 하게 되었다. 그 결과 수도국산은 인천의 전형적인 달동네가 된 것이다.

달동네 박물관 안에는 알록달록한 옛날 옛적 교복이랑 사각 책가방도 놓여 있고, 신문지로 대충 발라 놓은 반 평 정도의 방도 있으며, 생계를 이어가기 위한 수단이었을 물지게도 어두운 길가에 놓여 있었다. 없는 것 빼고는 다 갖춘 허름한 점방도 실제처럼 놓여 있으며, 좁고 불편해 보이는 부엌 안에는 부지깽이로 불을 살리던 아궁이도, 그 아궁이 위에 살강도, 처마 끝 제비집도 연탄도, 그리고 신문지를 돌돌 말아 닦던 뒷간도 시간이 정지된 채 그대로 재현되어 있었다.

"옛날 이곳에는 송현상회가 있었어. 여긴 대지이발관이고, 이곳은 야학당이라고 저녁에 일하고 와서 공부하는 곳이야."

손양은 끄덕거리지만 과거의 시간을 온전히 흡수하지는 못하는 것 같았다. 수도국산 달동네 박물관은 체험 박물관을 지향한다고 했지만, 사실 어른이나 아이나 연탄 갈기나 교복 입어보기, 물지게 지어보기 등의 체험을 해본들 그 시절의 불편하고 서러웠던 삶을 이해하는 데는 한계가 있을 것이다.

손양은 자기 체중보다 더한 무게로 어깨를 짓누르는 물지게를 지면

서 웃었다. 웃는 손양을 보자니 마음이 무거워졌다.

"너 만한 아이가 병든 아버지 약 값을 벌기 위해 이 물지게를 지고 하루 종일 동네를 돌아다녔단다."

손양이 '아버지'란 말에 웃음을 그쳤다.

"나랑 나이가 같아요?"

"어쩌면 너보다 동생일 수도 있어."

"학교는 안 다녔나요?"

"돈이 없으면 학교를 다닐 수가 없었지."

"엄마랑 아빠처럼 회사를 다녀서 돈을 벌어오지 못했나요?"

"회사에 다니고 싶다고 모든 사람이 다 회사를 다닐 수 있는 것은 아니야. 회사에 다닐 기회를 갖지 못한 사람들도 많거든. 그러면 어떻게든 다른 일을 해야만 하는데, 그런 일을 하는 엄마 아빠가 아파 누워 있게 되면, 너보다 어린 동생은 그런 엄마 아빠를 위해 대신 하루 종일 일을 했던 거야. 그런 사람들이, 그런 동생들이 이곳에 많이 살았단다. 아주 작은 방 한 칸에서 말이야. 비가 오면 온통 길이 물에 다 잠기는 이 동네에서 말이야. 그렇게 아빠 대신 일을 하고 돌아온 동생은 얼음처럼 차가운 물로 목욕을 했어. 그래도 이 악물고 참았대. 사랑하는 엄마 아빠를 위해서 말이야."

여기까지 이야기를 했을 때 손양의 눈에서는 눈물이 똑똑 떨어지기 시작했다. 가만히 안아주자 아이는 서럽게 흐느꼈.

"엄마! 난 못 걷는 사람이래도 회사에 다니게 해줄 거야. 돈 없다고 학교 못 오게 안 할 거야. 그 동생 물 내가 다 사줄 거야. 나도 아빠가 아프면 내가 대신 일을 할 거야!"

김일 선수의 레슬링 시합이 있는 날에는 저 아랫동네 전파사 앞에서 올망졸망 키를 재던 아이들의 웃음이 퍼지던, 이웃이 찾아오면 없는 집 살림에 보리밥이라도 그릇 위로 수북하게 담아 한 상 차려 내주던 달동네의 하루가 나름의 정겨웠던 삶이라고는 하지만, 그곳에서의 삶은 선택의 여지없이 주어진 삶을 묵묵히 받아들여야만 했던 사람들의 삶이었을 게다. 그 시절의 삶이 사실은 오늘날 수도국산 박물관의 과거에만 살아 있는 것은 아닐 것이다.

개발과 발전이라는 가속화에 짓눌린 소외된 사회가 아직도 비일비

재한 오늘, 내 삶과 다른 삶을 어떻게 만나야 하는 걸까? 그 다름을 보는 우리들의 시선이 아이의 뜨거운 눈물방울처럼 따뜻하고 넉넉하기를 바랐다.

수도국산 달동네를 밀어버리고 그 자리에 고층 아파트가 자리 잡은 것은 재개발이라는 미명이었다. 그리고 사람들은 밀어낸 달동네를 추억하며 달동네 박물관을 세웠다. 짧은 두 줄의 설명을 나는 손양에게 차마 하지 못한 채, 대신 가난이 절대 부끄러움은 아니라고 힘주어 아이에게 얘기해주었다. 달동네가 무엇이냐고 물을 때 나는 손양에게 '모둠살이'라고 대답해주었다.

"그때는 인정이 있었지. 우리 아이, 남의 아이 따로 없이 다 한 가족이었거든."

나만 좋다고 사는 세상은 달동네가 아니다. 나는 현대화만을 외치며 나만 좋다고 미친 듯이 빠른 속도로 돌아가는 지금의 세상이 다시 달동네로 돌아갔으면 좋겠다는 생각을 했다.

송림동 골목길 가는 길
수도국산 달동네 박물관은 인천 동구 송현동 163번지에 위치하고 있다. 박물관에서 아래로 내려오다 보면 아직 남아 있는 송현동 골목길을 만날 수 있다.

공단의 골목에 예술이 피어난다

문래동 골목길

　어느 토요일, 손양과 전철역을 향했다. 그날의 목적지는 '문래역.' 좀 더 정확히는 문래동 3가 철재상가 단지의 '예술공단'이다.
　'예술공단.' 이름도 생경한 이곳을 어느 잡지를 통해 알게 된 후 하루라도 빨리 손양과 함께 그 골목을 걸어보고 싶었다. '예술'과 '공단'이라는 두 단어의 어울리지 않는 조화가 주는 호기심 때문이었다. 보통 우리가 갖는 못된 편견 중 하나가 공단이라는 곳은 칙칙하고 어둡고 몸으로 하는 단순한 노동이 존재하는 곳이라고 생각하는 것이다. 그런데 굴뚝에서 나는 매캐한 연기와 검붉은 녹가루 대신 예술이 스멀스멀 피어났다니……
　전철역에 내려 문래동 3가 철재 상가를 찾아가는 길에는 여러 풍경이 있었다. 화사한 꽃들도 있었고, 가지런히 정돈된 꽃길 좌우로는 높다란 주상복합아파트도 위엄 있게 서 있었다. 애써 고개 높이지 않아

도 알아볼 수 있는 고층오피스텔 건물들도 여럿 자리 잡고 있었다. 그렇게 어슬렁어슬렁 골목길을 따라 걷는데 어디선가 신경을 자극하는 날카로운 쇳소리가 들려왔다. 무슨 소리인가를 확인할 사이도 없이 손양의 다급한 소리가 먼저 보태졌다.

"엄마! 엄마! 나 급해요. 쉬! 쉬가 곧 나올 것 같아!"

손양의 쉬는, 왜 항상 화장실이 있을 것 같은 빌딩들을 다 지나치고 나서, 널찍하게 트여 있는 황무지 같은 곳에 다다르면 나오는 것일까. 급한 마음에 코앞에 보이는 낡고 스산한 건물로 올라가는데 벽화의 그림이 웃으며 눈인사를 건네왔다.

"안녕하세요?"

"아. 네! 안녕하세요!"

낮에는 쇳소리가 넘쳐나는 노동의 공간이고, 밤이 되면 예술을 즐기

는 예술 공장의 세상으로 바뀌는 곳. 과거 홍대 주변에서 활동하던 예술인들이 월세의 압박에서 벗어나고자 하나둘씩 문래동 철재상가 2, 3층에 둥지를 틀기 시작했다고 한다. 현재는 수많은 작업실에 많은 예술가들이 회화, 조각, 디자인, 무용, 마임, 연극, 미술비평 등 다양한 장르의 예술 활동을 하는 곳으로 정착했는데 이곳에도 변화가 곧 밀려들 것이라고 한다.

재개발 이야기가 나돌면서 개발이익과 지속가능한 예술공간으로의 유지 사이에 서로 다른 목소리가 나오기 시작했다고 한다. 자생적으로

만들어진 '문래예술공단'에 정착한 가난한 예술인들은 다시 어디로 가야 할지를 고민해야 하는 처지가 되었다.

토요일 늦은 오후인데도 쇠를 다듬는 독특한 소리가 골목길을 가득 채우고 있었다. 아마 밤이 되면 다시 예술의 소리로 가득하겠지? 이렇듯 문래동 예술공단의 골목은 두 얼굴의 삶이 공존하고 있는 듯했다.

문래동 골목길에서 유난히 자주 볼 수 있는 '나비'들. 그들은 아마도 '희망'일 것이다. 모든 나비가 다 예뻐 보이겠지만 그중에서 엄마는 어떤 나비가 가장 예쁘냐 물으며, 손양이 나비처럼 날갯짓을 했다.

"인형을 들고 있는 우리 딸 나비가 제일 예쁘구나!"

철공소 대문마디, 철공소 벽마다 예술 꽃이 피어나 있었다. 골목 끝에 있는 식당 '복실이네'에는 커다란 국화꽃 간판이 내걸려 있다. 힘차게 겹겹이 겹쳐진 쟁반을 머리에 이고 가는 그녀의 발길 닿는 길가에 화사한

국화꽃이 함께하니 그 힘겨운 삶에 향기로운 위로가 되지 않을까.

갑자기 그 그림에 끌려서 마침 배도 고프고 꼭 이 식당에서 점심을 먹어야겠다는 생각이 들었다. 그런데 식사 시간이 좀 지날 무렵이었는데도 식당 안은 남자 분들이 자리를 차지하고 앉아서 빈자리가 날 기미가 안보인다.

"엄마! 꼭 이 식당에서 밥을 먹어야겠어요?"

"응. 엄마! 꼭 먹을래."

"엄마! 메뉴가 삼겹살, 주물럭인데, 엄마 고기 싫어하잖아요."

"아냐, 그 옆에 백반이라고 있잖아. 엄마 그거 먹을래요."

"그래요? 알았어. 그럼 여기 이렇게 앉아서 아저씨들 나올 때까지 기다려요."

그러더니 손양이 국화꽃 그림을 마주하고 쭈그려 앉았다. 그러나 결국 우리는 그날 그곳에서 점심을 먹지는 못했다.

되돌아 나오는 길에 작업에 필요한 철을 쌓아둔 것인데도 "멋진 작품이다!" 하며 사진촬영을 요청하는 손양. 이제 이 동네 작은 돌멩이 하나도 손양에게는 예술작품으로 보이는 모양이었다.

두터운 철문을 경계로 안쪽에는 철을 녹이는 노동과 삶의 현장이, 그리고 문 밖으로는 그러한 삶을 또 다른 시각으로 승화하려는 예술의 현장이 있었다. 그리고 경계가 되는 문은 항상 열려 있다. 분리선이지만 차단이 아닌 소통의 문이다.

처음 예술인들이 이곳에 왔을 때는 공업소 사람들이 이상하게 쳐다보곤 했다고 한다. 2층 사무실 한쪽을 뜯어내고 페인트칠하고, 그리고 밤에는 이상한 퍼포먼스다 해서 웅성웅성대는데 서로가 서로에게 이

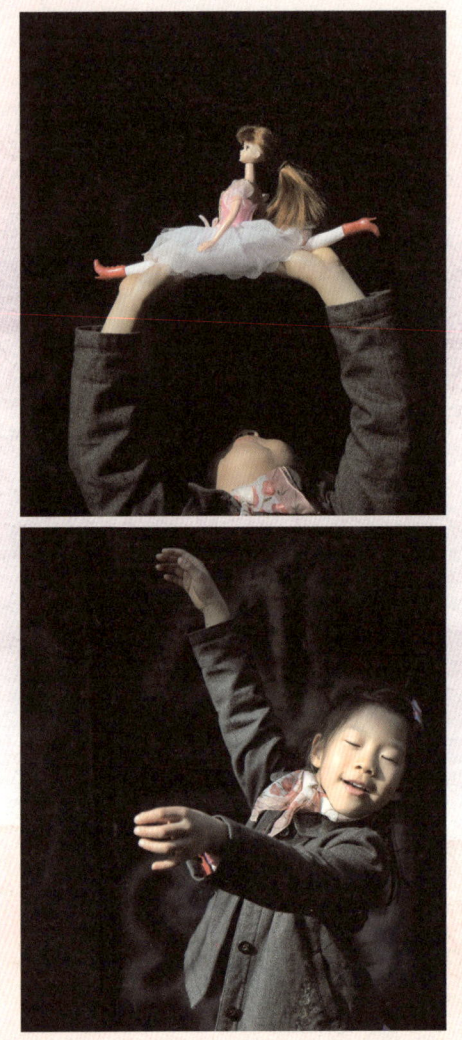

방인이었을 것이다. 그런데 이 철공소 문을 보니, 늦은 저녁 서로에게 소주 한잔 권하며 고단했던 하루의 삶에 대해 서로를 위안하는 그들의 모습이 그려졌다.

그러한 소통의 문 앞에서 갑자기 손양이 춤을 추기 시작했다. 처음은 오늘 손양과 함께 마실 나온 인형 '쥬디'의 솔로댄스였고, 다음에는 둘이 함께, 그 다음에는 다시 손양 혼자 완전 감흥에 젖어 춤을 추기 시작했다. 그런 모습을 찬찬히 카메라에 담다가 이내 카메라를 내려놓고 그녀의 유일한 관람객이 되어 춤에 빠져들었다. 감동적인 무대였다.

어떤 에너지가 손양의 손끝을 자연스레 움직이고 발끝을 세워 저토록 흠뻑 젖게 만들었을까. 이 동네에 스며 있는 '예술의 자유 에너지'가 손양에게 전해진 것은 아닐까 하는 생각이 들었다.

아무도 방해받지 않은 자유스런 곳에서의 무한한 상상에너지가 넘치는 문래동 골목의 벽화들은 귀엽고 엽기적이고 무서운 캐릭터도 있지만 대부분 따스하고 익살스럽다. 철문에 그려진 꽃을 보다가 다른 곳을 보는 손양의 시선을 좇아가 보았다.

"엄마! 아저씨 손이랑 장갑은 왜 새까매요?"

"응. 열심히 일한 손은 항상 저렇게 때가 묻어 있을 수도, 쭈글쭈글해질 수도 있어. 그러면 그 손은 더럽고 추한 손이 아니라 아름답고 칭찬받아야 하는 손이란다."

"응. 그렇구나. 나도 그림을 열심히 그리면 맨날 손에 잔뜩 물감이 대빵 묻어서 더러워지는데……. 엄마 그럴 때마다 나 칭찬해줘요."

"하하. 그래 알았어. 그렇게 할께."

"엄마! 그런데 저 아저씨는 왜 이마를 찡그려요? 일하기 싫어서요? 힘들어서요?"

"그랬어? 엄만 아저씨 찡그리는 거 미처 못 봤는데. 힘들어서 찡그릴 수도 있겠지. 엄마도 일하다 보면 너무 힘들어서 한숨도 쉬어지고 찡그려질 때가 있긴 해. 그렇지만 해야만 하는 일이 있다는 것은 고마운 일이기도 하거든. 어쩌면 저 아저씨도 일을 할 수 있는 것을 고마워할 거야. 그리고 보렴. 빛이 어디서 오니? 바로 아저씨 얼굴을 향해서 오잖아. 너도 엄마랑 사진 찍을 때 찡그리지 말고 웃어달라고 할 때 네가 뭐라 그랬지?"

"내가 이렇게 대답했지. 엄마 해님이 눈이 부시잖아요!"

"그래. 바로 그거야. 아저씨도 해님이 너무 눈이 부셔서 찡그리신 걸 거야."

"아. 그렇겠구나."

나비가 곧 바스켓에 내려앉을 것만 같은 자전거 그림, 좁다란 구멍가게 '충남상회'에 가득 모인 동네 개구쟁이들 모습, 그 옆에 화사한 들꽃들이 핀 자판기를 뒤로 하고 문래동 예술 골목 투어를 마치고 손양과 근처에 있는 '근린공원 놀이터'에 들렀다. 놀이터 미끄럼틀을 올라가던 손양이 그런다.

"엄마. 그럼 이 손잡이도 아까 그 철공소 아저씨가 철을 다듬어 만든 거죠?"

"와. 벌써 그것을 안거야? 맞아!"

처음 온 놀이터라 낯설었던지 엄마가 바로 앞에 서 있어 달라고 했다. 그러기를 잠시, 어느새 새로운 친구를 사귀고. 낯선 동생을 엎어주

고, 서로 그네를 밀어주고, 합체 시소를 함께 탄다. 긍정적인 에너지를 많이 받은 마실이었다.

철과 사람과 예술이 공존하는 곳, 그곳은 바로 '문래동 골목'이다. 어린 손양도, 이 세상도 모두 서로의 세계에서 함께 공존하며 성장할 수 있었으면 좋겠다.

문래동 골목길 가는 길

2호선 문래역 7번 출구로 나와 직진, '광명수산횟집'을 끼고 좌회전해서 올라가면 문래동 철강 골목이 이어지고 도로 좌측에 기업은행이 보인다. 은행 안쪽 골목길 전체가 문래동 예술공단이다. 문래동 골목길을 제대로 보려면 토요일이 좋다. 문래예술공장(창작촌) 블로그(http://cafe.naver.com/mullaeartspace)를 방문하여 공연, 체험 등의 일정을 참고하면 더 알차게 즐길 수 있다.

하늘 가까운 동네에는 무엇이 있을까?

철산동 골목길

봄날 같았다. 열어둔 거실 창문으로 들어오는 햇살이 꼭 봄날의 그것 같아서 책을 읽고 있던 손양을 채근하여 길을 나섰다.

"아, 엄마가 말하던 하늘과 가까운 동네? 그럼 공주 옷 같은 코트를 입으면 안 되겠네!"

어린 손양의 말에 뜨끔하여 나도 입고 있던 라임 색 코트를 벗고 다른 겉옷으로 갈아입고서야 나선 그곳, 경기도 광명시 철산동의 어느 골목길로 들어서자 우리 머리 위로 비행기가 날아올랐다.

철산역 주변은 무척이나 복잡한 곳이었다. 서울 강남의 한복판을 벗어나 조금 더 한적한 곳으로의 이사를 염두에 두고 이곳저곳 여행 삼아 사전답사를 다니던 무렵 우연찮게 이 주변 고층빌딩 맞은편 언덕배기에 옹기종기 집들이 붙어 있는 풍경이 눈에 띄었다. 돌아와서도 유독 그 언덕이 내내 눈에 밟혀 다시 한 번 가봐야지 하다가 이제서야 발

걸음을 했다. 다시 와보니 이곳의 담벼락에는 벽화가 꽃처럼 피어 나 있다는 사실도 알게 되었다.

수많은 이야기를 안고 있을 담벼락의 벽화들을 만나기 위해 골목에 들어서는 순간 마음을 단단히 먹어야 한다. 아파트 오른편으로 난 달맞이길을 따라 경사가 급한 오르막길을 오르면 해맞이 3·4·5길이 차례로 나타나고, 달맞이길이 끝날 즈음에 다시 한 번 오르막길을 타야 하기 때문이다. 체감 경사는 거의 90도에 육박하는 가파른 언덕길이다. 바로 그 둘째 오르막길이 시작되는 지점에 '철산동 프로젝트' 안내판이 서 있다.

'철산동 프로젝트'는 2006년 문화관광부(현 문화체육관광부)와 공공미술추진위원회가 공동으로 진행한 프로젝트다. 홍익대 미술대학 학생들의 도움을 받아 동네 주민들이 직접 붓과 페인트를 들었다. 오래된 다가구 주택, 금방이라도 무너질 것 같은 담, 낡고 가파른 계단들이 새로운 옷으로 갈아입게 된 것이다. 덕분에 음침하고 칙칙했던 동네에 화사한 생기가 돌기 시작했다. 낯선 이의 발걸음과 천방지축 손양의 재잘댐에 동네 개들이라도 "게 누구냐"며 짖을 법도 한데, 골목 안은 적막해도 너무 적막하고 고요했다. 그러나 부담스럽지 않은 고요가 그 골목 안에 있었다. 미로 같은 골목 안에서 길을 물을 때도 한결같은 친절함이 우리에게 길을 안내해주었다. 한 뼘 마당에서 평화로이 노닐고 있는 어린아이의 모습이 그 골목의 적막함 속에 깃들어 있었다.

철산동에는 좁고 가파른 계단과 지붕 낮은 집이 많다. 재개발을 앞둔 곳들이다. 낯선 이가 카메라 따위나 들고 돌아다니기에는 어울릴 성 싶지 않은 동네일 것 같아, 나서는 옷차림마저 조심스러웠지만 막

상 철산동을 걷다 보면 결코 그렇지 않다는 사실을 알게 된다. 따뜻하고 소박하고 넉넉하다.

골목지도와 사과나무가 피어난 은하연립 담벼락, 자동차 창문이 경쾌한 서울연립도 낡았지만 한결 화사해 보인다. 지저분한 쓰레기와 뒤섞인 낡고 빛바랜 벽화는 스러질 듯한 다가구 주택과도 묘한 조화를 이루고 있었다. 그대로의 모습이다. 다소 쓰릴 수 있는 삶의 무게마저 그대로 안고 있었다.

골목 사거리에서 오래된 세탁소와 한강초원이발소를 지나서 가면 끝이 보이지 않을 정도로 가파른 계단이 나타난다. 굵게 적힌 '행운길'이라는 글씨와 초록색 네잎클로버가 한 걸음 뗄 때마다 응원을 보태주고 있었다. '당신은 오늘도 행운의 주인공입니다'라는 글귀 때문일까, 어린 손양도 다리가 후들거리는데도, 연신 함박웃음을 지으며 계단을 올랐다. 네잎클로버 잎을 찾아보겠다며……. 이 계단을 오르며 내게 찾아올 행운의 네잎클로버를 찾는 기쁨으로 하루의 고단함을 위로 받았다. 철산동 사람들처럼 말이다.

행운길 계단을 다 오르면 자연공원길이다. 담벼락 길을 따라 '하늘땅만 땅' '사과' '꿈' 같은 아기자기한 벽화가 이어진다. 담벼락 너머에 보이는 딴 세상과는 아랑곳하지 않고, 하늘 아래 다 내 세상 같다. 내 눈과 마음은 지금 이 순간 담벼락 벽화와의 대화에 집중한다. 파스텔톤이 고운 담벼락 앞에서 손양이 호들갑스럽게 외치더니 이내 총총 계단을 올라 간 곳은 철산동의 아주 작은 도서관 '넝쿨 어린이 도서관.' 손양이 읽을 만한 책이 없는데다, 낯선 손양의 등장에 아이들이 일순 술렁거려 자원봉사자 선생님이 철산동 아이들에게 책을 읽어주는 시간에 방해될까

황급히 뒤돌아 나왔다. 그때, 해맑은 인상의 한 소년이 뒤따라오며 손양에게 말을 건넸다.

"너 몇 살이야? 여기 살아?"

"여덟 살, 아니!"

"여덟 살이 되는 거야, 아니면 지금 여덟 살이야?"

"아직 여덟 살. 지금 1학년."

"같이 놀고 싶다."

"나도……."

그때 안쪽에서 선생님이 부르는 소리가 들리고 몹시 아쉬운 듯한 두 아이의 시선과 마주치는 순간, 나는 가슴 속에 화한 박하향이 번지는 느낌을 받았다. 너희 둘, 푸른 느티나무 같구나!

조금 더 하늘 가까운 철산동을 느끼고 싶어서 은하연립 뒤쪽으로 나 있는 계단을 다시 올랐다. 올라서면 철산동을 품고 있는 도덕산 등산로가 나타나고, 앞으로는 지붕이 낮고 허름한 집들이 밀집해 있다. 그 지붕들 사이로 멀지 않은 가까운 곳의 고층 아파트가 생경스러운 모습을 드러내고도 있다. 내려오는 길에는 지금은 보기 힘든 정겨운 가게들이 도란도란 늘어서 있다. 정육점, 전파상, 미용실, 이발소, 세탁소……. 그중에서는 '정 비디오' 가게 앞에서 손양이 발길을 멈췄다. 비디오 가게 벽에는 누군가 스프레이로 이렇게 이름을 써 놓았다. "유진."

"유진? 어떻게 내 이름을 알지? 엄마, 우리 반 친구가 이 동네 사나 봐!"

벽화골목길이 시작되는 점까지 다시 내려 왔을 때 발견한 작은 분식집에 들어섰을 때, 한 평이 채 안 되는 가게 안은 동네 손님들로 꽉 차 있었다. 자리가 날 때까지 기다리는 동안 나는 철산동의 또 다른 이야기도 들을 수 있었다.

"아주머니는 그래서 반대라고요?"

"그럼, 안 그렇겠나! 여기 사람들 다 반대다. 니는 안 그렇나? 우리가 무슨 수로 그 비싼 아파트에 들어갈 수 있겠나? 돈 있나?"

"저는 아직 철이 없는가 봐요. 지금도 좋지만 재개발되어 좋은 아파트에 들어가면 그것도 좋겠다 싶어요. 돈은 어찌 되지 않을까요?"

"난 지금이 좋아. 니는 젊으니께 그래. 돈도 돈이지만."

예순 중반쯤 되어 보이는 분식집 아주머니와 손양 또래의 사내 아이 손을 잡은 젊은 엄마의 대화에서 나는 철산동과 이 세상 수많은 철산동의 아픈 사연에 먹먹해지기도 했다.

떡볶이 2인분에 2,000원. 어묵 두 개에 400원, 배불리 먹어도 2,400원이다. 손양이 떡볶이를 하도 맛나게 먹어 1인분 더 추가하려 하니 주인 아주머니 왈, "뭐하게. 더 먹으면 과하다. 나중에 또 와. 나중에 또 와서 먹으면 되지. 잘 먹으니까 예쁘다. 우리 아가!"

손양과는 적잖은 벽화마을을 찾아갔다. 청주의 수암골부터 통영의 동피랑, 군포의 납덕골 마을에 안성 복거마을까지. 모든 곳이 꽤나 인상 깊었지만 그렇다고 '꼭 다시 와야지' 하는 마음은 그다지 들지 않았다. 그러나 이곳 철산동 골목은 조만간 손양과 다시 찾게 될 것 같다. 떡볶이도 다시 먹어야 하고 미처 못 찾은 위트 넘치는 벽화도 보고 싶고 떡볶이 아주머니가 말씀하신 돈보다 더 중요한 것들이 골목 어디엔가 보물처럼 숨어 있을 것 같기에.

　세상에 존재하는 다양한 삶 중의 하나가 나의 삶으로 주어질 때 필연적인 이유는 없을 것이다. 긴 생의 여정 중 이렇게 저렇게 건너야 하는 다리 위에 내가 서 있을 때 항상 돈보다는 중요한 '무엇'을 놓쳐서는 안 된다는 것. 내가 손양과의 철산동 골목길에서 찾은 숨은 보물 하나였다.

 철산동 골목길 가는 길

7호선 철산역 2번 출구로 나와 길 건너편 삼성 르노 자동차 공업사 골목을 따라 올라간다. 미로 같은 길에서도 동네 분들의 친절한 안내가 있으니 벽화는 쉬이 찾을 수 있다. 벽화는 다른 벽화마을에 비해 낡고 볼품없지만, 철산동 골목과 어우러진 삶의 풍경이 아름답다.

여행은 특별하지 않은 것

후암동 골목길

여행을 특별한 것이라고 생각한다면 아마도 평생 여행이 주는 남다른 경험을 즐기지 못한 채, 지루한 일상의 파동 없는 삶을 지속하게 될지도 모르겠다. 오래전부터 여행이 내 취미고, 특기고, 소망이 되어버린 그 흔적들을 돌이켜보니, 여행은 그저 가볍게 나서는 것, 그 자체였던 것 같다. 그냥 집 밖을 나서는 것, 그냥 어제의 내 마음을 내려놓고 나서보는 것, 그냥 조금의 설렘만을 안고 내 동네 밖으로 딱 한걸음만 나서보는 것, 고작 한걸음 밖인데도 내가 알던 세상과는 전혀 다른 세상을 만나기도 하는 것, 거기서 오른쪽으로 한 바퀴 돌다보니 내가 살던 풍경과 똑 닮은 곳을 만나기도 하는 것, 그래서 울고 웃고 뜨거워지고 차가워지곤 하는 내 마음의 파동을 다시 만나는 것, 그것이 여행이었던 것 같다.

"아! 눈부셔. 엄마! 눈을 뜰 수가 없어요."

드디어 봄이 오는구나 싶은 마음이 들던 지난 일요일, 햇살 쨍쨍했던 오후에 손양 손을 잡고 특별할 것 없는 여행을 나섰다.

예전 나 어릴 적엔 골목이 우리들의 놀이터였다. 해 질 무렵까지 그곳에 머무르며 친구들과 수많은 놀이거리와 상상거리를 즐기곤 했는데, 좁고 후미진 골목이란 곳은 그렇게 놀기엔 안성맞춤이었던 곳이었다. 빽빽하게 둘러싸인 고층빌딩 숲 사이에 또 하나의 작은 상자들이 배열된 듯 반듯하게 놓여 있는, 지금의 손양 동네에는 놀이를 불러일으키는 상상력 골목은 더 이상 존재하지 않는지도 모르겠다.

"손양, 여기 삼촌은 엄마보다 훨씬 알뜰 주부인가 봐."

후암동 194-10번지 총각은 손도 참 야무진 사람이다. 이 좋은 햇살을 그냥 놀리지 않고 묵은 때를 벗겨낸 일상복을 골목 밖에 내다 걸어 놓았는데, 남자치고는 손끝이 참 야무진 사람이란 느낌에 오랫동안 그가 내어 걸은 빨래 구경을 손양과 하게 되었다. 골목은 이렇듯 상상력을 불러오는 자잘한 풍경을 품고 있기에 매력적이다.

골목을 걷다 보면 쉽게 마주치는 것이 주인이 누구인지 모를 의자들이다. 비록 낡기는 했지만 누구든 잠시 쉬어가라 내다 놓은 낡은 의자들은 골목이 주는 친절함이다. 의자와 평상에 시선을 두고 있자니, 손양이 사라졌다. 메아리처럼 "엄마, 저 찾아봐요!" 하는 소리가 골목 사이로 바람처럼 흘러들어왔다. 숨바꼭질 좋아하는 아이, 손양은 그래서 이 골목이 참 좋다. 이리 한번, 저리 한번 굽어진 좁고 짧은 골목들은 작은 소녀의 몸을 숨기기엔 성말 그만인 곳이었다. 저만치 골목 끝으로 달음박질치는 모습이 너무 고와서 그 예쁜 모습을 담을 준비도 되어 있지 않았는데, 어느새 카메라 렌즈 바로 코앞에까지 와 있다.

"엄마! 까꿍! 놀랐죠?"
크게 터지는 웃음이 작은 골목 안으로 겨울날 내리는 소담한 눈송이처럼 자잘하게 흩어져 내렸다.

4호선 숙대입구역에서 수도여고를 지나면서부터 시작되는 후암동의 작은 골목들의 풍경은 위태위태해 보이기도 했다. 작은 골목 사이를 비집고 높은 다세대 주택들이 하나둘 올라가면서 길은 넓어지고 집들은 하나같이 사각형이 되어가고 있었다. 귀염성 있게 위협하는 골목 담벼락 위의 철조망 모습도 어쩌면 곧 사라질지도 모르겠다.
골목 모퉁이에는 봄소식이 오고 있었다. 집집마다 내어 놓은 골목

메아리처럼 "엄마, 저 찾아봐요!" 하는 소리가
골목 사이로 바람처럼 흘러들어왔다.
숨바꼭질 좋아하는 아이, 손양은 그래서 이 골목이 참 좋다.

밖 화분에는 누가 먼저랄 것도 없이 새 생명들이 움트고 있었다. 담벼락 위에도 노란 봄꽃이 고개를 내밀고 있었다. 조만간 담벼락이 노랑 천지가 될 것이다.

골목길을 걷다 점심 때가 되어 들어간 분식집에서는 손양 얼굴의 두 배 만한 양푼에 잔치국수가 담겨져 나왔다. 이렇게 많은 것을 엄마랑 나랑 어떻게 다 먹느냐며 아이는 또 까무러치게 웃었다. 나도 따라 웃느라 잔치국수는 코로 들어가는지 입으로 들어가는지 모른다.

단돈 천 원짜리의 성 같은 아이스크림을 먹으며 엄마와 걸었던 어느 일요일의 평범한 여행을 아이는 어릴 적 엄마가 놀던 골목이 주는 따스하고 정겨운 기억으로 추억하게 될지도 모르겠다.

인생에는 진짜인 듯한 가짜 다이아몬드가 수없이 많고, 반대로 알아주지 않는 진짜 다이아몬드 역시 수없이 많다는 글을 어느 책에선가 읽은 기억이 난다. 작은 여행이 주는 큰 기쁨이 골목에 있는 것 같다. 그리고 그것이야말로 내가 어린 손양에게 보여주고 싶은 진짜 다이아몬드다.

 후암동 골목길 가는 길

서울역에서 202번을 타고 후암동 시장으로 들어가면 된다. 지하철로는 4호선 서울역, 회현역, 숙대입구역에서 접근 가능하며, 숙대입구역 2, 3번 출구에서 골목 접근이 가장 쉽다.

느리게, 더디게

배다리골 헌책방 골목길

인천을 여행하다 보면 느리게, 더디게 온 마음을 열어놓은 채 때로는 안타까운 마음으로 거닐어야 하는 곳을 만나게 된다. 배다리골이 대표적인 곳이다. 뭍에 살았던 조선인들의 토착문화와 바다를 통해 들어온 서양인의 근대문화가 '배다리'를 통해 융화되는 근대적인 삶의 개척지가 됐다고 한다. 그러니 배다리골을 걷는다는 것은 19세기 말로 돌아가 우리가 살고 있는 현재로의 미래여행을 시작한다는 의미도 될 것이다.

  수도국산 달동네 박물관에서부터 송현동 골목을 자박자박 걸어 내려오면, 마치 시간여행을 하는 것 같은 느낌을 받곤 한다. 오밀조밀한 송현동 골목길을 끝까지 내려와 길 하나를 건너면 동인천역 앞 중앙시장이다. 수십여 곳의 주단점이 늘어서 있지만 대부분은 문을 닫았다. 과거의 영화는 잊은 채로 '고은주단' 간판을 내걸고 묵묵히 서 있을 뿐이다. 한산한 중앙 시장을 빠져나오면 배다리삼거리가 나오고, 배다리

나중에 손양이 자라나 결혼을 하고 아이를 낳고 다시 이 서점에 와서
그 향기를 자신의 아이와 함께 나눌 수 있기를 바래본다.
그때까지 꿋꿋하게 이 골목의 모든 것들이 지켜지기를…….

삼거리에서 배다리길, 창영1길, 금곡3길, 창영5길, 우각로 등으로 이어진다. 배다리삼거리는 1950년대 말까지만 해도 밀물 때면 비릿한 바다 냄새와 갈매기들이 날아들었다고 한다.

굴다리나 건널목을 지나면 배다리골이 나온다. 가장 먼저 오래된 서점들이 눈에 띄지만, 주변을 둘러보면 시간을 잊고 서 있는 것은 비단 서점뿐이 아니다. '진 종합식품'이라는 간판을 내건 작은 가게는, 내 어릴 적 보았던 '점방'의 그것과 참 닮았다. 없는 것 빼고 있을 것은 다 있는 구색 갖춘 가게 말이다. 환경정비사업으로 새로 단장한 배다리 철교를 등지고 오른쪽으로 돌아서면 그 유명한 배다리골 헌책방 골목이 나온다.

예전에는 이곳에 30여 곳 이상의 서점이 성업을 했었다지만, 이제는 서너 곳만 남아 추억의 헌책을 찾는 이들을 맞고 있을 뿐이다.

37세나 되는 '아벨서점'에서 오래전에 즐겨보던 『팝송대전집』을 발견하고, 나는 철버덩 서점 바닥에 주저앉았다.

"손양, 엄마가 중학생 때 말이야……."

이 책 하나로 나는 많은 옛 추억을 손양에게 나눠 줄 수 있었다. 따뜻

하게 데워진 세월이란, 추억 속에서 이렇게 사람에게 이야기를 만들어 주고 술술 풀어내주기도 하는 것…….

 헌 책을 넘길 때마다 풍기는 조금은 퀴퀴한 냄새의 추억을 손양이 오래 간직했으면 싶다. 나중에 손양이 자라나 결혼을 하고 아이를 낳고 다시 이 서점에 와서 그 향기를 자신의 아이와 함께 나눌 수 있기를 바래본다. 그때까지 꿋꿋하게 이 골목의 모든 것들이 지켜지기를…….

 개발이라는 미명하에 골목들이 허물어지고, 그 허물어진 자리에 새로이 고층 아파트가 들어서자 지역주민과 각 분야별 전문가 등이 함께하는 배다리골 지키기 움직임이 시작되었다. '배다리 역사 문화마을 만들기 위원회'는 배나리골의 인문학적 가치를 기리며 100년 이상 된 이 마을을 역사·문화마을로 조성하기 위한 노력을 진행하고 있고, '퍼포먼스 반지하'나 문화예술 대안공간인 '스페이스 빔' 등 주민들과 함께

하는 공공미술 프로젝트를 진행하고 있다.

가게의 간판을 예쁘게 꾸미고 우각로를 비롯한 골목 담벼락에는 주민과 함께 만든 재미난 눈요깃거리의 다양한 벽화와 조형물이 있다. 그리고 골목의 어느 집이든 그 앞에는 살뜰한 한 뼘 텃밭이 있었다. 골목과 텃밭은 잘 맞는 단짝 친구다. 텃밭은 곧 히물어질 것 같은 담벼락 아래에도, 이미 허물어진 담벼락 아래에서도 생명의 호흡을 하고 있었다. 우각로의 텃밭은 이곳 사람들이 결코 포기할 수 없었던 삶의 희망 같아 보였다.

느리게, 천천히 과거와 현재를 이동하며 시간이 다소 어둡게 흐르는 듯한 우각로 골목을 막 빠져나올 무렵이었다. 앞서 가던 손양이 우뚝 걸음을 멈췄다. 한 조각 빛이 드는 침침한 골목길 모퉁이에 덩그러니 앉아 있는 강아지가 시야에 들어왔다.

"엄마, 저 아이 눈빛이 너무, 너무 슬퍼 보여요."

1미터도 안 되는 짧은 줄에 묶여 있는 그 아이 곁에는 오물과 검은 때로 찌들은 밥그릇이 놓여 있었고, 그 옆으로 몸 하나 들어갈만한 작은 집이 놓여 있었다. 아이의 눈망울은 무엇인지 모를 것에 쫓기는 듯 두려워보였는데, 그럼에도 손양을 보자 꼬리를 쉼 없이 흔들며 반색을 했다. 사람을 이다지도 좋아하는 녀석의 성격은 꽤나 낙천적이구나 하는 생각을 하며 녀석의 주변을 둘러보다가는 이내 단정했다.

"넌, 버림받은 아이구나!"

동시에 손양이 혼잣말을 했다.

"엄마, 버려졌나봐. 주인이 버리고 떠났나봐요."

갑자기 마음속에 또 한 번의 얼음 같은 칼바람이 몰아쳤다. 시린 마음에 그 아이와 눈 마주침을 하고 있자니 "집 주인이 버리고 간 개예요" 하는 소리가 들렸다. "네?" 하고 반문하며 뒤를 돌아보니, 맞은편 옥상에 젊은 새댁이 서 있었다. 그 새댁이 들려준 이야기는 내 짐작과 다르지 않았다.

다행인지 누군가가 하루에 한 번 홀연히 와서 밥을 주고 간다고 한다. 그러나 손양은 알고 있는 듯했다. 하루 한 끼 '밥'이 중요한 것이 아님을……. 산다는 것은 끊임없는 관심과 사랑을 서로 주고받아야 한다는 것을.

"그래도 버리고 간 거죠. 주인이라면서 함께 살지도 않잖아요. 함께 살면서 돌봐주지도 않잖아요."

손양은 거의 울 듯한 표정으로 마치 새댁 아주머니가 강아지를 버리고 간 주인이라도 된 듯 옥상을 향해 소리쳤다.

손양은 우각로의 버려진, 그러나 버려지지 않았다고 하는 그 아이와의 만남 이후, 아주 많이 달라졌다. 자신이 키우는 토끼 똘랑이에게 예전처럼 자신이 필요할 때만 보여주는 잠깐의 사랑과 관심이 아닌 책임감 있는 '돌봄'을 하기 시작했다. 몇 번을 깨워도 일어나지 않던 손양은 똘랑이가 배가 고프다는 말에는 벌떡 일어난다. 비몽사몽 상태에서도 제일 먼저 똘랑이가 기거하는 베란다에 가서 먹이를 주고, 물을 주고, 매일 아침 인사를 건넨다. 며칠 뒤에는 베란다 한편에 똘랑이 놀이터를 만들어주었는데, 똘랑이는 언니의 그런 마음을 아는지, 집 문을 열어주면 제일 먼저 손양이 만들어준 놀이터로 달려가 오랜 시간을 보내고 있다.

생명을 유지하는 기본권을 보장해주며 지키는 것도 중요하지만, 사실 그보다 더 중요한 것은 끊임없는 관심과 사랑의 눈 마주침이라는 것을 깨달은 듯했다. 어린 손양이 우각로의 낡은 골목을 걸으며 배운 것을 엄마인 나는 오랜 세월이 지나서야 알게 되었다. 관심과 사랑을 기본으로 하는 보살핌에는 분명 희생이 따르지만, 그 희생을 희생으로 생각하지 않는 큰마음이 바로 '보살핌'이라는 사실이다.

우연히도 우각로 여행을 마치고 집으로 돌아오던 날 시내 한복판에 이런 현판이 쓰여 있었다.

"너와 나, 각자의 화분에서 살아가지만, 함께 햇빛을 맞는다."

배다리골 헌책방 골목길 가는 길

동인천역 1번 출구에서 중앙시장을 지나 지하도로 통과하며 배다리 헌책방 골목길이 나온다. 책방거리에서 우측으로 스페이스빔과 개코 막걸리 길을 따라 오르면 우각로가 나온다. 도원역 2번 출구로 나오면 도보로 10분 정도 소요된다.

곱디고운 할머니의 마음, 간장 떡볶이

체부동 골목길

마음을 데우러 가기엔 그만한 곳이 없겠다 싶어 나선 곳, 서울 인왕산 자락 아랫동네인 체부동 골목길. 이름도 낯설어 수첩에 적어둔 이름을 보고서야 떠난 '마음 데우는 마실'이었다. 지하철역을 나와 빵집이 있는 골목 사이로 시장 길이 보인다. 금천교 시장이다.

  시장통 사이사이로 골목길이 놓여 있는데 미로처럼 이어지는 골목을 따라가다 보면 시장과는 다른 세상이 나온다. 고즈넉하다. 조용한 골목 어디에선가 친구들 소리가 난다며 손양이 좁은 골목을 꺾어 무작정 달려갔다. 역시 골목길은 아이들이 주인이다. 대여섯 아이들이 넓은 골목 마당에서 고무줄놀이를 하고 있었다. 다소 적막하게 느껴지던 분위기의 골목길이 아이들의 재잘거림으로 통통 뛰어오르는 탱탱 볼처럼 생기가 돋아났다.

  "예쁜 모습, 사진 찍어도 될까?"

수줍게 끄덕거리는 아이들의 모습을 카메라에 담아 보여주자 아이들이 일순 경계심을 풀고는 줄넘기 재주도 연신 보여주었다. 손양은 언니들 줄넘기 진짜 잘한다며 곡예단의 공연을 보듯이 박수를 쳐댔다. 그렇게 아이들과 어울려 노는 소리에 파란 대문의 할머니께서 나오셨다. 꾸벅하고 손양과 인사를 드리고 할머니의 텃밭이 참으로 실하다고 말씀을 건네니 쌩그레 웃으시며 "이 넘은 콩, 또 이 넘은 팥. 콩잎에 비해 팥잎은 훨씬 윤택 있고 빛깔이 좋아"라고 하시며 비슷한 둘을 구분하는 방법도 일러주셨다. 체부동 골목길에서 쉽게 만날 수 있었던 소박한 화단과 텃밭들, 그것들에서는 사람 냄새가 나는 것 같았다. 텃밭을 돌보는 이의 욕심 없는 여유로움이 느껴졌다.

가지치기 하듯 여기저기서 불쑥불쑥 튀어나와 여기저기로 이어지는 골목길에서 막다른 끝이 나오면 다음 골목길로 이어지고, 아까 그 골

목과 통하는 또 다른 길을 만나고, 돌고 돌아 나오는 골목길에서 누구보다 신이 난 이는 바로 손양이었다. 체부동은 과거의 누각동, 체부동과 구곡동이 합쳐진 동네다. 구곡동이라는, 아홉 번은 꺾어 들어가야 하는 동네 이름대로였다.

"도대체 이 길은 어디서 끝나? 아까 그 골목길 아녜요? 그런데 이 길하고 통하네? 아까 그 골목 아닌가? 완전히 미로 찾기 같아서 신이 나!"

낡고 낮은 담장 위에 널어놓은 이불 위로 늦은 오후의 햇발이 내려앉았다. 다닥다닥 붙어 있는 낡은 집들을 끼고 있는 구불구불 골목길 구경도 재미나지만 골목 사이에 생긴 독특한 가게 구경도 쏠쏠한 재미를 주었다.

골목길을 벗어나 언덕배기의 배화여대길로 곧장 가보았다. 오르막길 중반부터 손양의 엉덩이가 자꾸 아래로 처지는 게 느껴졌다.

"손양! 왜 그래?"

"엄마, 나 응가!"

시장골목을 지나오면서 주전부리가 심하다 했더니…….

"급해? 급하면 얼른 뛰자. 저기 학교니까 화장실 있을 것 같아!"

"엄마. 나 못 뛰어요. 뛰면 큰놈이 나올 것 같아!"

"알았어. 힘 꽉 주고 걸으렴."

깨끗한 유아화장실을 제공해준 친절한 배화유치원 덕에 용무를 시원하게 마치고 나온 손양은 그 짧은 시간 안에 많은 것을 알아왔다.

"엄마. 여긴 반이 한 반씩이에요. 그리고 선생님은 세 분. 화장실도

정말 깨끗하고 좋아요! 나 여기 맘에 든다. 여기로 옮겨야겠어요. 무엇보다 바깥 놀이터도 넓고!"

"그래? 알았어. 내일 선생님께 전화 드릴게. 아마, 네가 사랑하는 초록반 선생님이 무척 슬퍼하실 텐데……."

"아! 맞다. 엄마 생각해보니 안 되겠어요. 초록반 선생님이 울 것 같아. 나도 울 것 같고. 대신 그냥 여기서 조금만 놀다 갈래요."

잠시만이라고 분명 그랬건만, 운동장에 사람들이 하나둘씩 빠져나가고 텅 비워질 때까지도 손양은 갈 기색이 없어 보였다. 수백 살은 먹었음직한 커다란 나무 그늘 아래 그네 위에서 손양은 마치 시간 속에 묻힌 것 같았다.

땅거미가 어둑해질 무렵, 다시 내려와 걷는 체부동 골목길에도 어둠이 내려앉았다. 그 어둠 속에서도 골목 여기저기 나붙어 있는 체부동 사람들의 생각은 강렬하게 한눈에 들어왔다. '한옥보존 반대', '체부동 주민은 아파트를 원한다' 등 60년 가까이 불편을 무릅쓰고 살아온 지역 주민들의 외침이 바로 곁에서 들리는 것 같아, 여행자로 아이 손을 잡고 이 골목에 든 것이 갑자기 미안해졌다. 체부동 한옥은 6·25전쟁 이후에 지어진 것이라 단순한 목조, 기와집이 대부분이어서 대다수의 주민들이 재개발을 원한다는데, 손양과 느낀 구수한 된장 맛 같은 골목의 따뜻함만은 간직되었으면 좋겠다.

날이 많이 어두워진 터라 '간장 떡볶이' 할머니도 집으로 돌아가시고 할머니의 낡은 스티로폼 의자만 남아 있었다. 사실, 체부동 골목길로 나선 것은 바로 이 할머니 때문이었다. 세상에서 최고로 아름다운 마

음으로, 마디마디 굵은 살이 박혔지만 가장 곱디고운 손놀림으로 조선 장을 획획 비벼 떡볶이를 만드시는 김 할머니. 종로구 직선동 금천교 시장통에서 떡볶이를 팔고 계시는 할머니를 처음 만난 것은 손양 여섯 살 무렵인가 신문에 난 할머니 기사를 접하고 나서부터였다. 올해 96세가 되신 김 할머니. 시장통에서 이른 아침부터 떡볶이를 팔아 번 전 재산 '2,300만 원'을 사회에 기부하고 당신은 기초수급대상자 생활을 하고 계시는 분이다.

"할머니. 전엔 간장 떡볶이 하지 않으셨어요?"

"응. 그랬제. 근데 요즘은 사람들 입맛이 변했는가 매운 것만 찾아. 그래서 간장에다가 고춧가루 좀 쳤어! 어째, 아가가 맵다 하는가?"

할머니가 이쑤시개에 하나 콕 집어 주신 떡볶이를 먹어 본 손양이 홍 시처럼 얼굴이 붉어져서 어쩔 줄을 몰랐다. 그 모습을 본 할머니, 이제는 그만두신, '옛날 간장 떡볶이' 1인분을 둘둘 만들어 손양에게 내미셨다.

"할머니, 올해 몇 세나 되셨어요?"

"몰러. 그건 묻지 마라!"

"지희 할머니는 106세까지 사셨어요. 아주 고운 모습으로요!"

"지금도 살아계셔?"

"아니요."

그렇게 대답해놓고 보니 불현듯 눈가에 또 이슬이 고이고야 만다. 할머니라는 이름, 그저 그 이름만으로도 마음이 뜨거워지고 내 가슴 촉촉하게 젖게 하는 그분.

내 할머니 모습이 체부동 떡볶이 할머니 모습과 겹쳐 보인다. 험한 세상에 굽이마다 지쳐 가는 삶이지만 때로 차 한 잔의 여유 속에 서러움을 나누어 마실 수 있는 마음을 알아주는 단 한 사람, 그런 사람이 비록 이 세상 사람이 아니라도 내게 있음을 깨닫게 해주는 '길 여행'이 있으니 내 삶은 참 괜찮다.

할머니 이야기 하나 더.

"엄마, 도대체 언제 갈 거예요? 할머니 못 본 지 한참이나 지났다고요!"

할머니를 찾아뵙는 일을 더 이상은 미룰 수 없어 어느 주말, 체부동 할머니께 손양과 손양의 친구와 함께 나섰다.

반년 만에 뵌 할머니 모습은 다행히 건강해 보이셨다.

"어라? 할머니, 예뻐지셨네?"라고 인사를 건네자 할머니는 예의 느굿한 말투로 "머이가 예뻐. 염색을 했거든. 머리 희게 장사하면 안 될 것 같아서!"

젊어 보이기 위해서라거나 예뻐 보이기 위해서가 아니라 할머니의 손님을 위해 염색을 하신 우리 할머니 역시 프로라며 엄지손가락 쑤욱 올렸더니 할머니 웃으신다.

"할머니 간장 떡볶이 먹으려고 어제부터 굶었더니 쓰러질 것 같다"며 너스레를 떨자 할머니 미리 못을 박으신다.

"아주 많이 먹어, 다 먹어. 대신 오늘은 정말 돈 안 받아!"

할머니의 낡은 스티로폼 뚜껑 방석, 여전히 맵지도 않고 짜지도 않은 구수한 간장 떡볶이는 여전했지만 반가운 변화도 있었다. 그동안 창도 없고 빛도 들어오지 않은 언덕배기 방에서 난방시설도 없이 전기담요에 의지해 추운 겨울을 홀로 나셔야 했는데 고맙게도 언덕 아래, 할머니가 일하시는 좌판 근처의 방으로 옮기셨단다. 할머니의 건강이 염려되어 이것저것 묻자 얼마 전에 119 소방대가 방문해 위급 시 1번만 누르면 바로 할머니 집으로 비상 출동하게끔 전화번호 위치추적 장치를 해주고 가셨다는 소식도 전해주셨다. 다행이면서도 한편 가슴 아픈 소식이었다.

"할머니, 선풍기 하나 사 올까요? 안 더워요? 올 여름 무지 덥다는데……."

"뭐하게, 이 선풍기가 있잖아. 피난 와서 바로 산건데 아직도 멀쩡해!"

할머니는 원래 개성 사람이다. 고향에서는 제 손으로 밥 한번 해본 적 없는 부잣집 딸로 자라 당시 여자로서는 드물게 신교육도 받으셨다

고 하셨다. 6·25전쟁 때 남편이 실종된 뒤 혼자서 가업인 공장을 꾸리며 자식 셋을 키우던 할머니는 서울 동대문 시장에 물건 대금을 받으러 왔다가 고향으로 다시 돌아가지 못했다. 그때 나이 서른셋, 할머니의 힘겨운 삶의 시작이었다. 그 세월을 함께한 선풍기의 바람을 맞자니 눈물이 핑 돌았다.

떡볶이를 먹다 목이 멘 손양의 친구가 물을 달라고 하니 할머니는 쓰시던 물컵을 한 번 씻으신 후 아이에게 내밀었다. 손양 친구가 아이다운 솔직함으로 고개를 저으며 "더러워서……"라고 기어들어가는 말투로 말하자, 손양이 당황한 듯 입가에 손가락을 대고 "쉿!" 하고 말한다.

귀가 밝은 할머니께서 "응? 더럽다고?" 하시기에 당황한 내가 과장되게 "아니, 아니, 할머니, 그 말이 아녜요" 하고는 손양 친구에게 넌지시

눈짓을 보냈다. 내 표정에는 그 아이를 나무라는 핀잔이 잔뜩 실려 있었을 것이다.

"아이들이 다 그런 거지, 뭐 그런 걸 가지고 아이를 나무라고 그래"라며, 할머니께서는 속 좁은 나를 도리어 나무라신다.

"어유, 여자 아이라고 참 깔끔하구나. 그래, 그러면 다른 유리컵에다 줄까? 물은 내가 아침에 끓인 물이라 괜찮아."

가난한 할머니 주머니에는 꺼낼 것 아무것도 없는데도 자꾸 무엇을 꺼내려 하신다. 꺼내 놓으신 것들을 보니 바로 할머니의 정과 어여쁜 마음이다.

아이들의 마음, 그리고 할머니의 마음, 두 마음을 두루두루 여행한 나의 일상이 참 고마웠던 어느 하루가 체부동 골목길에 숨어 있다. 마치 초등학교 소풍날 찾아낸 감격스런 보물찾기처럼 말이다.

체부동 골목길 가는 길
서울시 종로구에 위치한 체부동 골목길은 지하철 3호선 경복궁역 2번 출구로 나가 걸어가다 보면 금천시장 사이에 있다.

어차피 섬 안이니까 따로 또 같이

제주 가파도

"아침이면 붉은 해가 바다에서 뜨고 저녁에도 붉은 해가 바다에 지는 가파도는 남쪽 바다 외딴섬이나 보이는 건 넓고 넓은 하늘과 바다. 일년 바닷바람 세차게 불어 나무도 크지 못하는 작은 섬……."

청보리가 일렁이는 바람의 섬 가파도 한가운데에 유일하게 있는 가파 초등학교의 교가를 가만히 되뇌면, 어쩐지 쓸쓸해진다. 한때는 200여 명 넘는 학생들이 우렁차게 교가를 불렀을 터인데 바닷바람 세차게 불어대는 그 섬에 이제는 고작 10여 명의 학생들만 다니고 있을 뿐이다.

5월의 제주에서 가장 아름다운 섬은 어디일까? 그렇게 묻는다면 많은 사람들은 제주의 외딴섬 '가파도'라고 대답할지도 모르겠다. 쓸쓸한 가파 초등학교의 교가가 무색하게도 말이다. 이는 모두 청보리 덕분일 게다.

가파도에는 끓어오르는 열정을 어쩌지 못하고 밖으로 꺼내듯 하염

"손양! 엄마가 안 보여서 불안하지 않았어?"
"걱정되긴 했지. 엄마가 길을 잃을까 싶어서요.
그래도 엄마가 나를 찾아 여기에 오리라고 믿었어! 어차피 섬 안이니까!"

없이 바람결에 몸을 맡기고 울어대는 푸른 청보리밭이 무려 17만 평이 펼쳐져 있다. 그리고 청보리축제가 열리는 즈음의 5월의 가파도는 그 아름다운 풍경이 절정을 이루는 계절이기도 하다. 그렇지만 나는 2월의 가파도를 사랑한다. 겨우내 얼었던 섬땅을 뚫고 나오며 씩씩하게 싹을 틔우는 기특한 청보리를 만날 수 있기 때문이다.

딸아이 손양이 세상에 태어나 처음 걸음마를 시작하던 때 나는 내 아이가 얼마나 기특했는지 모른다. 너무 기특하고 신통해서 그 부드러운 비단결 볼에 내 거친 볼을 마구 비벼대며 경탄해마지 않았던 그 감격을 나는 2월의 가파도 청보리에서 다시 만날 수 있었다. 땅꼬마처럼 키 낮은 청보리가 나는 마냥 사랑스러워 잠시도 눈을 떼기가 힘들 정도였다.

제주도에서 묵고 있던 숙소를 나서며 오늘은 가파도에 가겠다고 하자 숙소 주인은 내게 부러움을 실어 말을 건넸다.

"가파도 민박 정식이 그렇게 맛있다던데, 저도 오늘은 가파도로 함께 따라가고 싶네요!"

결론부터 말하자면, 나는 그날 손양과 그렇게나 맛있다는 가파도 정식을 맛볼 수 없었다. 가파도 민박집은 선착장의 정 반대쪽, 그러나 나는 아쉽게도 가파도에 한나절 잠시 머물다 가야 하는 여행자인데다 언제나 느려터진 여행 동반자 손양과 함께였기 때문에 시간 맞춰 정해진 목표물에 도착한다는 것은 불가능한 일이었다. 게다가 가파도는 배의 운행시간까지 정해져 있으니.

하여, 또다시 가파도에 다시 간다면 적어도 하루 이상은 머물고 싶다. 모든 사람들이 다 빠져나간 외딴섬이 또 다른 모습으로 다시 태어나는 풍경도 놓치고 싶지 않기에…….

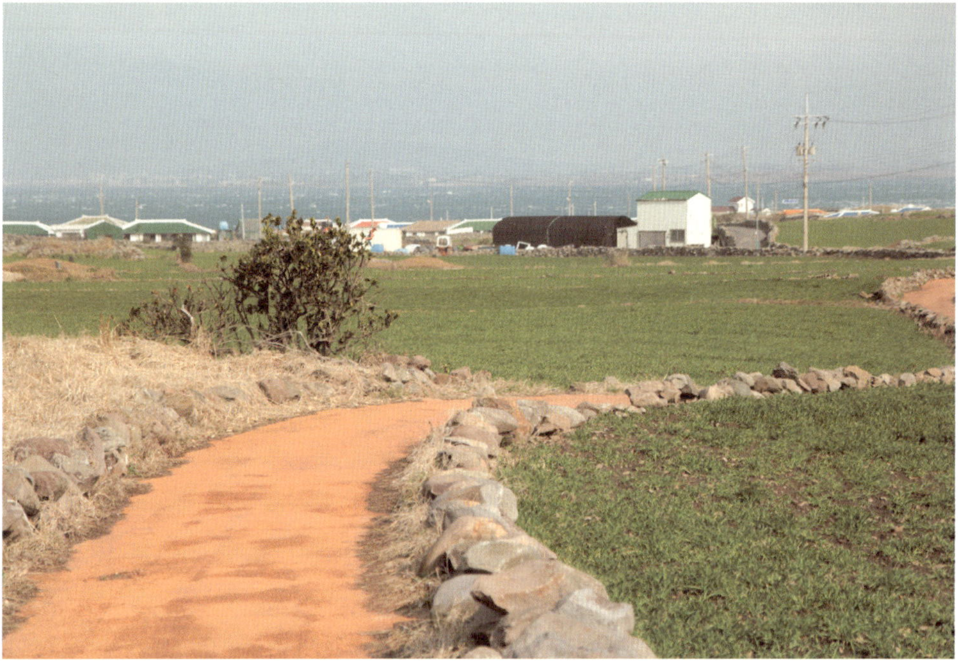

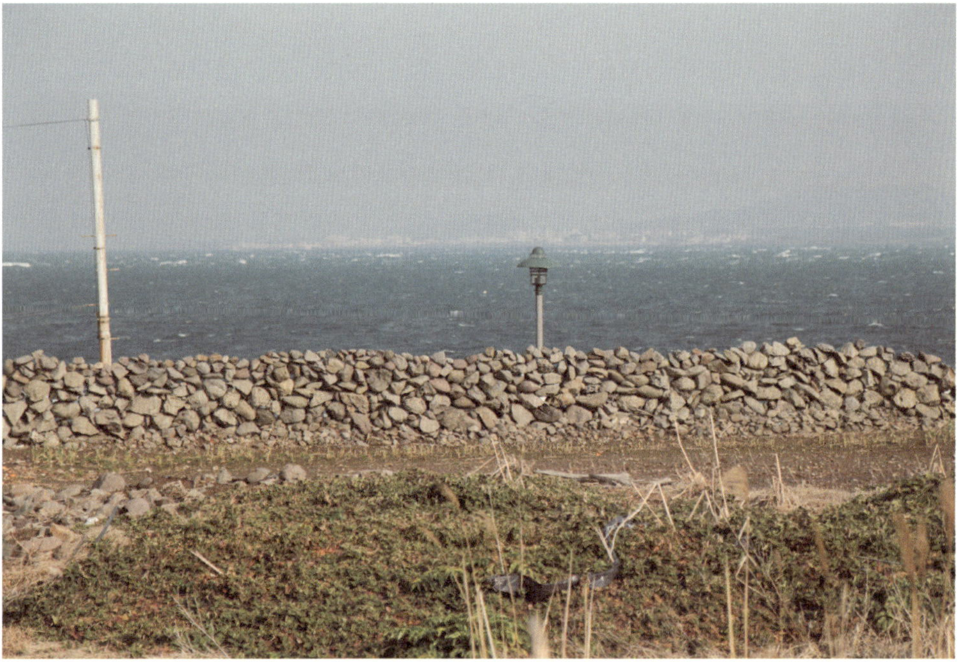

모슬포항에서 출발해서 20여 분 만에 가파도의 상동포구에 도착하면 아담한 섬마을이 나타난다. 모슬포항과 마라도 중간에 위치한 섬 안의 또 다른 섬. 파도가 심해서 가파도(加波島)라 불린 이곳에 현재는 연로한 해녀들만 남아있고 적막함이 감돌던 그 섬에 사람들이 다시 찾아들기 시작한 것은 제주올레길 10-1코스가 그 섬에 열리기 시작하면서부터다.

서울 여의도 면적의 1/5에 불과한 이 작은 섬에 길을 내며 제주 올레 서명숙 이사장은 "가파도 올레는 올레꾼들에게 잠시 쉬어가라 내어주는 작은 선물이다"라고 했다는데 딱 맞는 표현이라는 걸 느끼기까지는 그리 오랜 시간이 걸리지 않았다.

260여 년 전 소를 키우러 사람이 들어오면서 인적이 시작된 5킬로미터의 섬 한 바퀴를 놀멍 쉬멍 걷는데 고작 한두 시간이라고 하지만, 올레길의 묘미가 그렇듯 걷다 보면 시간은 훌쩍이었다. 하마터면 배 시간을 놓칠 뻔도 했으니까. 이상하게 그 작은 섬을 걷다 보면 무엇인가에 홀리게 된다.

해발고도가 20.5미터에 불과한 가파도는 낮은 섬이다. 집도, 돌담도, 그리고 무덤도 낮다. 낮은 그것들을 넘어 하얗게 부서지는 파도에 홀리고, 얼기설기 얽혀 있는 전봇대 위 전선에도 홀리고 그 전선 사이사이로 파도처럼 흘러가는 바람에도 홀리게 된다. 유난히 붉은 섬이 품고 있는 낮은 대지의 색에도 홀린다.

송악산과 산방산을 등지고 청보리밭 사잇길을 꼬닥꼬닥(천천히) 걷는 이들의 얼굴이 너무나 평화로워 그 표정에도 홀리게 된다. 가파도

에서 볼 수 있는 집담과 밭담에도 홀려서 나를 홀리게 하는 그것들과 한참을 노닐다 보면 어느 순간 모든 것이 멈춰버린 듯한 고요함에 또 깜작 놀라 홀리게 된다.

선사시대 고인돌 56기가 산재해 있는 가파도 청보리밭 사잇길에서는 절로 노래가 나오고, 서로의 노랫가락에 위안을 얻게 되니, 바로 가파도가 안식의 섬이고 휴식의 섬인가 보다.

빠르고 느리고, 때론 거세게 그러나 또다시 부드럽게 우리를 홀리는 가파도의 바람과 청보리와 마을 안쪽의 관음상에도 마음을 주다 보니 때때로 가파도에서 나와 손양은 서로를 잊고 잃게 되기도 했다.

살다 보면 내가 가는 길 위에서 때로 길을 잃기도 하고, 그 어딘가로 나를 이끌어줄 누군가를 찾아 또 헤매게 되는 때도 있다. 가파도에서 나와 손양은 바람에 잠시 홀려 길을 잃기도 하고 그리고 서로를 잃고 찾아 헤매기도 했다.

그런데도 혼란스럽지 않고 불안하지 않았다. 그냥 어딘가에 내가 가야 할 길이 있을 것만 같기에 묵묵히 걸을 뿐이고 내가 찾는 그 누군가 역시 그렇게 가다 보면 만나지리란 믿음이 있었다. 가파도에서 반 정도를 손양과 나는 '각자 올레'를 하고 가파 초등학교에서 행복하게 정글짐을 하고 있는 손양을 발견했을 때 가장 먼저 손양에게 이렇게 물었다.

"손양! 엄마가 안 보여서 불안하지 않았어?"

"걱정되긴 했지. 엄마가 길을 잃을까 싶어서요. 그래도 엄마가 나를 찾아 여기에 오리라고 믿었어! 어차피 섬 안이니까!"

그렇다. 어차피 '섬 안이니까!' 가파도 길을 손양과 걸으며 내가 생각하고 느낀 건 섬이 주는 위안과 믿음을 잊지 말자는 것이다. 살다가 길을 잃고 가야 할 길을 찾아 헤매야 하겠지만 그 길 위에 내가 만나야 할 사람이 나를 기다리고 있으리란 믿음, 그리고 나를 찾아오리란 믿음을.

가파도길은 새로운 길을 가기 위한 에너지 충전소라고 했다. 어차피 섬 안인 그곳, 올레의 마지막 점에서 다시 돌아가기 위해 우리는 왔던 길을 역으로 거슬러가야만 했다. 수많은 올레 중 유일하게 마지막에 다시 돌아가기 위해 왔던 길을 되돌아가야 하는 가파도 올레가 나에게는 그래서인지 더 각별하게 다가왔다. 끝이 시작이고 그 시작은 언제든 끝이 될 수 있는 길이다.

가파도에 가면 누구에게나 바람이 먼저 다가와 손을 잡는다.

강연옥 시의 한 구절처럼 먼저 다가와 내 손을 잡아주던 가파도가 그리워진다. 지금쯤 청보리는 5월 봄볕과 갯바람을 맞아 황금빛으로 일렁이겠지.

내가 사랑한 2월의 가파도도 아름답지만 푸른 청보리밭과 노란 유채꽃과 보라색 갯무꽃이 어우러진 4~5월의 가파도는 얼마나 아름다울까를 생각하면 내 마음은 이내 가파도로 가는 작은 통통배 안에 실어져 상동포구 가파리 어촌계 매점에서 뜨거운 어묵 하나를 먹고 있다.

 제주 가파도 가는 길

제주 서귀포 대정읍에 있는 모슬포항에서 가파도행 여객선을 타고 20여 분 가면 가파도 상동포구에 도착한다.

칭찬은 비양도 소년 건우를 날게 한다

제주 비양도

제주 한림항에서 북서쪽으로 5킬로미터 해상에 자리하는 비양도는 동서남북이 1킬로미터 남짓 되는 아주 작은 섬이다. 지금으로부터 약 1,000년 전에는 활발한 화산활동이 있었다는 그 섬에 지금은 여유와 평화가 파도와 함께 넘실대고 있다.

바다 건너 협재 해수욕장에서 손을 뻗으면 바로 손에 잡힐 듯 가까이 있는 섬이라 한림항 선착장에서 배를 타고 15분이면 건너가는 섬 비양도. 하루에 두 번, 여름 휴가철에만 한시적으로 세 번 배가 다니는 섬. 그러나 그마저도 쉬이 뱃길을 내주지 않아 사람들의 발을 동동거리게 하는 섬. 에메랄드 빛 바다와 나란히 놓여 있는 길을 따라 섬 전체를 한 바퀴 도는 데 비양도 섬 주민의 말을 빌자면 어른 걸음으로 35분, 오랜 세월 굳건히 비양봉을 오르는 사람도 35분이라고 했다. 그래서 대부분의 사람들은 첫 배를 타고 와서 마지막 배를 타고 다시 비양도를 빠져

그 섬에 있을 땐 미처 몰랐는데,
그 섬이 우리에게 남겨준 것은 애틋한 그리움이다.

나가곤 하는 아주 작은 섬. 그런 비양도에 손양과 꼬박 3일을 머물렀다.

하릴없이 섬을 어슬렁대다 보니 섬 안에는 '뽀삐'라는 이름의 개가 두 마리 있다는 사실, 서로 개 이름을 바꾸라며 독점권을 우겨대는 두 견주들의 유쾌한 다툼도 있다는 사실도 알게 되었다. 아름다운 그림엽서에서 툭 튀어나온 듯한 아담한 한림 초교 비양분교, 무엇보다 섬 안, 구멍 송송 뚫린 시커먼 돌담길 사이에 스며 있는 이야기들은 만날 때마다 내 마음을 움직였다. 1,000년 전의 화산활동이 내 마음 안에서 쿵쿵쿵 다시 일어나는 것 같았다.

그 이야기 속에 비양도 어린 친구들이 있다. 분주하지 않은 우리들의 비양도 여행에 활기를 넣어주었던 어린 친구들. 돌아와 가장 그리운 이들이었다. 비양도에 도착한 이틀째에 전 날 돌아본 섬의 해안길을 또다시 걸어볼까, 아니면 앙증맞은 한림 초등학교 비양분교 운동장에서 한바탕 놀아볼까, 그것도 아니면 묵묵히 오랜 세월을 견뎌온 낡은 등대가 있는 비양봉을 올라볼까…… 손양과 궁리하며 어슬렁어슬렁 선착장 근처로 걸어갔을 때 한바탕 소란스런 소리가 우리 곁으로 쪼르르 다람쥐처럼 들려왔다.

비양도 아이들이 옹기종기 머리를 맞대고 있는 틈 사이로 막 잡아 올린 생선 한 마리가 양동이 안에서 퍼덕거리고 있었다.

"와, 이거 누가 잡은 거야? 너희들이 잡은 거야? 꽤 큰데……. 너희들 굉장하다. 그나저나 이 생선은 이름이 뭐래? 곧 바다로 보내줄거지?"

갑자기 끼어들어서는 다 잡아 놓은 생선을 보고 호들갑을 한바탕 쏟아놓다가는 바다로 돌려주라느니 어쩌느니 하는 풋수 같은 육지 아줌마를 힐끔 보더니 단단한 체격을 가진 아이가 쐐기를 박듯 단호하게 대답했다.
"아줌만 자람돔도 몰라요? 그라고 왜 풀어줘요? 이 생선, 집에 가져가서 해먹을 건데······."
그러고는 곧바로 바다로 몸을 던지는데 한참을 기다려도 물 위로 모습이 보이지 않는다. 하나, 둘 그렇게 아이들이 바다로 들어가는데 올림픽 수영 대표 선수들이 따로 없었다. 손양이 먼저 놀라움에 입을 딱 벌렸고 아이들의 수영과 잠수실력에 감탄하기는 나도 마찬가지였다. 유유히 바다 물속에서 밖으로 나오는 아이들의 손에는 저마다 뭔가 하나씩 들려 있었다. 어떤 아이는 소라, 어떤 아이는 미역줄기, 또 어떤 아이는 아주 작은 물고기를 들고 나왔다. 아이들에게 바다는 그저 자연스러운 풍경의 일부분이고 그들만의 완벽한 놀이터인 셈이었다. 나는 나도 모르게 손이 벌겋게 될 정도로 박수를 쳤다.
"너희들 정말 대단하다. 정말 굉장해. 최고야. 완전 멋지다. 너희들 올림픽에 나가도 되겠다!"
나도 모르게 터져나오는 칭찬일색의 말에 아이들의 반응도 제각각이었다. 어떤 아이는 그냥 덤덤하게, 어떤 아이는 그냥 씩 웃었고, 또 어떤 아이는 이 정도는 아무것도 아니라며 어깨를 으쓱하기도 하였다. 나의 칭찬에 유난히 민감한 반응을 보이는 아이는 눈에 뜨이는 까만 피부에 동글동글한 얼굴을 한 귀염성 있는 사내아이, 손양과 동갑내기 아홉 살 건우였다. 건우가 바로 나와 손양의 코앞에까지 다가오더니 바로 그 앞에서 바다로 곤두박질쳤다. 손양과 내가 짝짝짝 손이 부서져라 박수를 치니 신이 난 건우는 이번에는 저만치 몇 걸음 뒤에서 다다닥 달려와서는 곧바로 입수, 그 다음에는 2미터 뒤, 그 다음에는 5미터 뒤에서부터 달려와 꺾어지듯 입수했다. 정말 놀라운 수영 솜씨였는지라 박수는 그치지가 않았다. 이번에는 높은 바위 위에 올라가서는 공중곡예를 하듯이 날렵한 포물선을 그리며 바다로 들어갔다.

"아, 자식. 평소에는 운동도 안 하던 놈이. 너 잘난 척 그만해라."

건우의 수영 곡예에 다른 아이들의 비난이 쏟아졌지만 우리는 아랑곳 않고 박수를 쳤고 건우의 고난도 다이빙은 계속 되었다. 우리들의 칭찬이 건우를 날게 하는 건 아닌가 할 정도로 건우는 다이빙을 하는 것이 아니라 마치 새처럼 비상하는 것 같았다.

1,000년 전 제주도에는 99개의 봉우리밖에 없어서 100봉을 채우지 못해 대국을 형성하지 못했다고 한다. 그러던 어느 날 중국 쪽에서 한 개의 봉우리가 제주도를 향해 날아오고 있었는데 한림 앞바다에 이르렀을 때 한 여인이 굉음에 놀라 집밖으로 나갔다가 이를 보고 가만히 있으면 마을과 부딪칠 것 같아 멈추라고 소리쳤고, 그로 인해 지금의 위치에 떨어져 섬이 되었다는 전설 속의 비양도는 그렇게 '날아온 섬'이었다. 그 섬의 소년 건우도 지금 날고 있다.

"와, 정말 수영 잘 한다. 난 한 달 정도 수영장에서 배웠는데 너희들처럼은 못하는데……. 나도 너희들과 함께 바닷물에서 수영하고 싶은데……."

못내 부러움 실린 눈으로 비양도의 바다 소년, 소녀들을 바라보던 손양을 호기심 어린 눈으로 바라보던 아이들이 갑자기 하나 둘 손양을 에워싸더니 한 아이는 손양에게 수중 마스크를 씌워주고, 또 어떤 아

이는 비양도의 옥빛 바다로 손양의 손을 이끌어주었다.

아주 짧은 사이, 단박에 '우리 패'로 넣어주며 우리 가족을 친구삼아 주던 아이들, 그 아이들이 우리들의 여행 속으로 들어오는 순간 우리의 여행은 활어처럼 펄떡펄떡 뛰기 시작했다. 아이들과 함께 쭈쭈바를 빨고, 능숙한 솜씨로 고기를 낚고, 태어날 때부터 익히고 나온 솜씨인가 싶은 국가대표급 수영 솜씨로 헤엄을 치는 아이들 속에서 우린 손양 표현대로 '비양도 사람'이 되어갔다. 아이들의 엄마가 밥 먹으라며 손짓하여 부르면 아이들은 '다시 모이는 거야. 여기서!'라고 손가락을 건다. 그러면 우리도 얼른 호돌이 식당으로 달려가 호돌이 삼촌에게 보말죽 한 그릇 얻어먹고 혹여 늦지는 않았을까 가슴 졸이며 회합장소인 '꽃동산'으로 잰걸음으로 달려갔다.

아이들과 한바탕 놀다 온 손양이 시무룩한 표정으로 민박집 방에 너부러져 있던 나에게 말한다.

"엄마, 은빈이네 집에 갔었어. 은빈이네 집엔 은빈이 빼곤 다 남자야. 할아버지, 아버지, 그리고 오빠 둘. 근데 저녁밥을 오빠들이 하는 거야. 그래서 이상해서 내가 물었거든. 엄마, 마음이 아파 혼났어. 은빈이는 엄마가 없대. 아예 없는 건 아니지만, 지금 은빈이에게 엄마가 없어. 어쩌지?"

여행의 마지막 날, 언제나처럼 엉덩이 한쪽이 찢겨나간 바지를 입은 씩씩한 아홉 살 건우와 분홍빛 꽃모자를 쓴 일곱 살 은빈이와 함께 비양봉에 올랐다. 등대 정상에서 저 멀리 바다에 돌을 던져보자고 제안한 것은 건우, 그리고 이왕이면 우리 함께 소원을 빌어보자 한 것은 손양. 신기하게도 어린 세 친구 모두는 약속이나 하듯이 이구동성으로 소원을 빌며 작은 돌멩이를 저 멀리 비양도 바다 위에 꽃잎처럼 뿌렸다.

"은빈이네 엄마 집으로 돌아오게 해주세요!"

아름다운, 따로 또 같이 소망이 나비가 되어 폴폴 하늘로 날아갔다. 소망의 나비를 보며 내 코끝이 시큰해져서 얼른 등을 돌리고는 나도 따라 같은 소원을 빌었다.

육지 사람들은 왜 섬을 그리워할까? 그 섬에 있을 땐 미처 몰랐는데, 그 섬이 우리에게 남겨준 것은 애틋한 그리움이다. 싱싱하고 풋풋한 아이들과의 시간은 세상사에 파묻혀 지내느라 잠시 잊고 있었던 그리움을 꺼내어주었다. '사람이 여행을 하는 것은 도착하기 위해서가 아니라 여행하기 위해서다'라고 한 괴테의 말대로 나는 손양과 함께 비양도를 제대로 여행하고 온 듯하다. 고마운 비양도 아이들 덕분이고 그 아이들과 친구가 되어준 손양 덕분이다.

🚗 제주 비양도 가는 길

제주공항에서 한림항까지는 사륜자로 30분 정도 소요된다. 한림항에서 비양도까지 들어가는 배는 오전 9시, 12시(여름 휴가철에만 운행), 오후 3시에 출항하며 14분 정도 소요된다. 배삯은 어른 2,000원, 어린이 1,200원이다.

주인장 없는 '바람 카페'에서는 우리가 주인

중산간 바람 카페

손양의 봄 방학에 보름여 간 제주에 머무르는 동안 우연히 또는 계획대로 카페 기행을 몇 곳 하게 되었다. 제주에 부는 다양한 변화의 바람 속에 '카페'가 자리 잡고 있었다. 카페 앞에 내걸린 이름들이 각양각색인 만큼 카페의 분위기나 풍경은 분명 색깔이 다를 테지만 공통점 또한 갖고 있는 것 같았다.

대부분의 카페들은 '여행자의 마음'을 닮았다는 것, 바람처럼 떠돌다 또 바람처럼 제주에 정착해 에메랄드빛 제주 바다를 앞에 놓고 손님을 위해 향 좋은 커피를 내리다가도 한 줌 바람이 날갯죽지에 스며들면 자신의 본분은 마치 떠남이라는 듯, 그대로 카페 문을 박차고 나갈 수 있는 마음을 갖고 있는 이들이 그 안에 있었다.

닮은꼴은 비슷한 과를 알아본다고 했다. 내 마음과 닮은 그 마음들을 나는 몇 곳의 제주 카페를 돌아다니며 공통적으로 만날 수 있었다.

제주 중산간에 위치한 '바람 카페'도 그랬다. 처음 목적지는 카페가 아니었다. 2월 말경, 서귀포 숙소에서 아침에 눈을 떠보니 창밖으로 눈이 내리고 있었는데, 그냥 내리는 것이 아니라 앞이 보이지 않을 정도로 내리고 있었다. 숙소 주인장은 제주에서 눈 내리는 날에는 대숲에 바람 부는 산천단으로 가라고 했다. 그랬다. 곰솔과 눈이 부신 눈을 만날 수 있었던 산천단이 그날의 목적지였다. 수북하게 쌓인 대숲에서 손양과 뒤엉켜 뛰어 놀던 누렁이가 갑자기 자기를 따라오라는 듯, 앞장서며 어디론가 향하기에 그저 바람결 같은 그 이끎을 따라 누렁이를 뒤따르게 되었다.

"Wind & Wish"라고 쓰인 바람 카페 나무 간판을 만났다.

카페 앞에까지 다가갔을 때 손양과 누렁이는 이미 어디론가 사라졌고 젊은 남자가 막 카페 문을 열고 나왔다.

"아, 안녕하세요? 누렁이가 이 집 개인가요? 딸아이와 놀던 누렁이가 곧장 여기로 와서……"

"네, 우리 집 녀석입니다. 눈이 오는데 어떻게 여기까지 오셨어요."

중산간, 평야지대도 아니고 산 위 지대도 아닌 제주 중산간이 푸른 초목을 품고 있듯이 그런 중산간에 위치한 '바람 카페'도 초목 같은 여유로움을 지니고 있는 것 같았다. 제주의 평화와 자유의 숨결을 담고 곳곳에 스며드는 바람(wind)과 언제나 그러한 자유스러운 정신(spirit)을 지키고자 하는 바람(wish)으로.

제주의 검은 현무암과 어울려진 이색적인 카페의 바깥 장식과 벽화에 시선을 빼앗기고 있을 때, 처음 만난 그 남자는 잠시도 가만히 있지 않고 부지런히 손을 놀리고 있었다. 바깥의 쪼개어진 통나무를 카페

안으로 들이고, 카페 안에서 쓰레기를 가지고 나와 분류작업을 하는가 하면 카페 안을 비로 쓸어내기도 하면서……. 그래서 난 처음 그 사람이 이 카페의 주인장인 줄로만 알았다.

이른 아침, 눈을 뜨자마자 채비를 챙겨 나오느라 미처 요기도 못했던지라 간단한 커피와 다과류라도 주문할 생각으로 카페 안으로 들어섰을 때 어디선가 정말 '바람'처럼 손양이 누렁이와 나타나 이렇게 말하는 것이었다.

"엄마, 야옹이 먹이를 찾아야 한대요. 얼른, 얼른 찾아봐요. 우리, 함께!"

올망졸망한 카페 안에는 여행 관련 책이 놓여 있었고. 벽면에는 체 게바라와 터키의 세마 춤과 아프리카의 사람들이 환하게 웃고 있었다. 사진을 주인이 찍은 것이든 아니든 분명 이 카페의 주인은 바람을 닮

은 여행자의 마음을 지니고 있을 것이다. 그렇게 생각하며 카페 안을 두리번거리는 내게 손양은 자꾸만 고양이 먹이를 찾으라 재촉하는 것이었다. 그러고 보니, 카페는 누렁이만 있는 것이 아니라 고양이도 있었다. 조금 더 자세히 보니 온 카페 안이 고양이 천지였다. 그런데, 고양이 먹이는 왜 찾는다는 걸까? 고양이 먹이를 주인이 찾아주면 되는 것이지 손양은 왜 저렇게 오지랖 넓게 고양이 먹이 타령만 하는 건지…….

"뭐? 저 아저씨가 이 카페 주인이 아니라고?"

손양, 주인인지 아닌지 모를 그, 그리고 나, 이렇게 셋은 카페 안을 뒤지기 시작했다.

"주방 안에 두지 않았을까요?"

"거긴 없더라고요."

"엄마, 바깥을 찾아볼까?"

"고양이 먹이를 밖에 두면 얼어서, 아마 안에다 두었을 거야."

결국 그날 우리 셋은 아주 오랫동안 카페 안을 이 잡듯 뒤지며 고양이 사료 찾기에 몰두했지만 끝내 카페의 고양이들은 아침밥을 먹을 수 없었다.

"주인장은 어디에 있대요?"

누구냐고 묻는 대신 이렇게 묻자,

"그러게요. 연락이 안 되네요. 제주에 눈이 한바탕 이렇게 몰아치는 날이면 보통은 그렇죠."

기대했던 커피와 다과류에 대한 실망감에 배에서는 꼬르륵 소리가 더 요동을 칠 때 카페 안에서 은은한 커피 향이 감돌았다. 아주 서투른

손동작으로 그가 원두를 갈더니 또 조금은 서투르게 낡은 드립 주전자로 커피를 만들고 있었다.

"뭐가, 어디에 있는지 도통 모르겠네요. 커피라도 드세요."

"우리 공주님은 우유라도……."

그렇게 주인인지 아닌지 모를 낯선 그에게 커피 한 잔을 대접받고, 커피 값을 내어보려고 지갑을 열려고 할 때, 그는 손사래를 치며, 아니 고개까지 저으며 그랬다.

"다음에 정식으로 주인이 있을 때 다시 오세요."

"언제 다시 올지 모르는데, 커피가 너무 맛있어서 공짜로는 안 되겠어요."

"언제든, 내일도 좋고, 내년도 좋고……. 언제든 다시 오세요."

나에게 호의를 베풀어준 바람카페의 그가 주인장인지, 아니면 그저 나와 같이 잠시 바람처럼 '바람 카페'에 머문 여행자였는지는 모르겠지만 나에게 바람카페는 언제든, 내일이든, 아니면 내년이든 다시 꼭 들려봐야 할 곳이 되었다.

중산간 바람 카페 가는 길

산천단을 목적지로 이동하면 된다. 제주 시외버스터미널에서 서귀포 5·16도로 제주시행 시외버스를 타고 산천단 정류장에서 하차하면 된다. 약 50여 분 소요된다.

바람 카페(http://login.blog.me) 영업 시간은 오전 11시~오후 11시까지다.

섬, 육지, 그리고 그리움

화성 우음도

'우음도'라는 섬이 있다. 옛적 뭍에서 들으면 소 울음소리가 들린다는 섬. 그런데 어느 날 섬 아닌 섬이 되어버린 서글픈 떨림을 가지고 있는 섬. 우음도라는 이름 석 자를 처음 알게 된 것은 3년여 전의 일이었다. 사진 속 우음도를 처음 본 순간 마음이 끌렸으나 이내 섬이 안고 있는 이야기를 하나씩 알게 되면서부터는 마음이 아려 그 섬으로 선뜻 나설 수가 없었다. 단순히 끌림만으로 나설 수 없는 비장함이 내 안에 들어왔기 때문이었다. 그리고 어느 날, 나는 손양과 그 섬에 다녀왔다. 처음의 끌림 이후 3년 만이었다.

"손양, 소 울음소리가 들리는 섬에 대해서 어떻게 생각해?"

"그 섬에 소가 많이 살아요?"

"아마도, 옛날엔 그랬을지 모르지. 그런데 말이야. 곧 그 섬이 없어진대."

"왜요?"

"수영장도 들어서고 놀이공원도 생기고 높은 아파트도 들어서나봐."

"왜? 누가?"

"……."

대답 대신 나는 손양에게 그 섬에 함께 가주기를 청했고, 고맙게도 어린 손양은 무더운 여름의 늦은 오후 내 손을 잡고 함께 나서주었다.

우음도 가는 길은 쉽지 않았다. 우음도까지 들어가는 버스 편이 있다지만 시간을 맞추기가 힘들고, 승용차로도 비포장도로를 따라 한참을 들어가야 만날 수 있다. 그렇게 도착해 만난 우음도의 심상치 않은 분위기에 가슴이 철렁 내려앉기 시작했다. 불도저, 포크레인, 입장불허 표지판 등……. 섬은 괜찮을지, 그 섬에 나는 들어갈 수 있을지 심장이 떨려왔다.

우음도는 경기도 화성시 송산면 고정리에 위치한 섬이다. 시화호가 개발되면서 갯벌과 바다를 터전으로 살았던 주민들은 생계 터전을 잃게 되었고, 이제 섬도 아니고 육지도 아닌 우음도에는 몇몇 주민들만이 흔들리는 삶을 살고 있다. 섬에 들르기 전 둘러본 마을 집집마다 표식되어 있는 보상을 요청하는 파란색 동그라미를 보자니, 못내 마음이 무겁고 답답해져 왔다.

"진정한 개발은 개발하지 않는 것"이라는 말이 있다. 개발과 함께 이미 섬은 죽어가고 있었다. 보류 중이던 우음도의 송산그린시티로 개발이 최근 본격화되기 시작했고, 섬의 여기저기에는 공사 차량 외에는 입장할 수 없다는 경고 표지판이 눈에 띄었다.

우음도의 갯벌과 바다는 풍부한 해산물과 꽃게, 숭어, 전어 등이 풍부했던 삶의 터전이었다. 뻘낙지와 바지락도 풍부해서 주민들의 든든한 삶의 그루터기 역할을 해주던 곳이었다고 한다. 그러나 개발과 함께 지역 주민들은 오랫동안 지키고 살았던 삶의 터를 떠나야 한다. 그리고 그 터에 골프장과 유니버설 스튜디오 등의 테마파크, 해양 레저 산업, 고층 주거 시설이 들어설 계획이란다.

과연 누구를 위한 개발일까? 좀 더 나은 국민의 삶과 복지를 위해 개발은 불가피한 일이라고 한다. 그렇다면 그들이 말하는 '국민'에 우음도, 그리고 또 다른 우음도에 살고 있던 주민들은 포함되지 않는 걸까? 손양은 내게 묻지만, 나 역시 나의 혼란스런 의문에 누군가 시원한 답을 해주었으면 좋겠다는 생각을 하며 우음도 깊숙이 들어서보았다.

서글프게도 섬은 기억하고 있었다. 아프게도 섬은 소망하고 있었다. 생명 있는 섬, 건강한 바다와 갯벌을 가슴에 품고 있었던 우음도였음을 그리워하고 있었다.

"엄마! 여기 좀 보세요. 아기 잠자리요."

신기하게도 내 눈에는 잘 보이지 않았던 작은 생명체들이 조개더미 속에서, 홍초들 사이에서, 질퍽한 갯벌의 땅에서 우리를 반겨주고 있었다. 막상 작고 여린 생명체들을 마주하자 마냥 섬을 탐험하는 태도로 씩씩하게 앞서 가던 손양의 발걸음이 힘이 빠지더니, 잠시 후, 분노하기 시작했다.

"엄마! 말이 돼요? 그럼, 저 무섭게 생긴 불도저로 여기를 다 밀어버리면, 이 작은 아기들은 어떻게 하라고요? 죽는 거예요?"

나는 차마 대답하지 못했다. 손양이 갑자기 우뚝 서더니, 두 귀에 손을 대고 내게 전했다.

"엄마! 어디선가 소 울음소리가 들려요. 그리고 새 소리도요. 개구리 소리도 들리는 것 같아요."

가슴이 뭉클했다. 서둘러 곧 사라질 우음도와 손양과의 아름다운 교감을 기억하기 위해 빠르게 셔터를 눌러보았다.

그러나 손양은 나를 꾸짖는다.

"엄마! 섬이 없어진다는데 걱정도 안 돼요? 사진이나 찍고!"

아이는 어른보다 정교하며 섬세하다. 손양이 갯벌에 손을 담구더니 오래전 바다의 이야기를 들려주었다.

"엄마! 정말 이 섬이 바다였나봐. 봐요! 갯벌 냄새가 나잖아!"

3년 전, 내게 끌림을 준 한 그루의 우음도 나무 사진이 있었다. 우음도의 광활한 평야 위에 외로이 홀로 서 있는 나무 한 그루 '왕따 나무.'

"손양! 뭐해?"
"불도저가 여기 들어올 때 길을 잃어버리라고요.
헨젤과 그레텔에서도 길을 잃지 않으려고 빵가루로 길을 만들어놓았잖아.
아마 불도저도 길을 잃지 않으려고 이렇게 만들어두었을 거야.
그래서 길 잃어버리라고 지우는 거예요."

누구는 나무 앞에 널찍한 소파를 가져다주기도 했고, 또 누구는 나무 의자를 가져다 놓기도 했다 하고, 또 누구는 운치 있는 왕골나무 소파를 가져다 놓았단다. 그러나 그 모든 소품들은 곧 우리 눈앞에서 사라질 섬의 운명을 예고하듯이 앙상하고 피폐한 모습으로 변해 있었다.

왕따 나무는 회색빛이었지만 나와 손양은 그 나무에 '희망나무'라는 이름을 지어줬다. 이미 불도저로 널따란 갈대들이 생명을 잃었고 푸른 띠풀들이 두려움으로 흔들리고 있지만, 희망을 잃지 말길 소망하고 응원해본다.

불도저가 지나간 궤적을 손양이 지우개로 지우듯 바닥을 문지르고 있었다.

"손양! 뭐해?"

"불도저가 여기 들어올 때 길을 잃어버리라고요. 헨젤과 그레텔에서도 길을 잃지 않으려고 빵가루로 길을 만들어놓았잖아. 아마 불도저도 길을 잃지 않으려고 이렇게 만들어두었을 거야. 그래서 길 잃어버리라고 지우는 거예요."

손양의 노력은 여기에서 그치지 않았다. 흙 포탄을 길 위에 뿌려놓기도 했고 불도저의 바퀴가 펑크나라고 날카로운 돌 침을 박아두기도 했다. 그리고 어린 목소리이지만 힘껏 메시지를 담아냈다.

"나는 우음도를 사랑해요. 아저씨, 우음도 없애지 말아 주세요."

나는 우음도에 함께 가달라고 손양에게 청하면서 사실 아무런 말을 덧붙이지는 않았었다. 곧, 이 섬이 사라질 테고, 섬 위에 높은 빌딩이 들어서게 되리라는 설명 외에는……. 그렇다면 어린 손양의 이 절절한 외침은 어디에서 비롯된 것일까?

섬세하고 정직한 아이는 금세 알아차린다. 흔들리는 풀과 흔들리는 섬이 왜 떨고 있는지를……. 아이들은 반드시 지켜져야 할 것은 알아차리는 법이기 때문이다. 그런 아이의 외침이 소중하고 의미 있게 받아들여졌으면 하는 내 소망 또한 우음도에서 마주한 불도저 앞에서 여지없이 떨렸다.

 화성 우음도 가는 길

1호선 수원역 하차 후 애경백화점 앞에서 사강행 버스 400, 400-1, 990번을 타서 사강에서 하차한다. 50분 정도 소요된다. 사강 시내에서 우음도 가는 버스나 택시를 이용하면 된다. 우음도까지 들어가는 버스 시간은 07:00, 12:00, 17:50분이며 30분 정도 소요된다.

내 마음은 너에게 위로받고

구로 항동 철길

어느 날 학교에서 돌아온 손양이 책가방을 내려놓으며 내게 이야기한다.
"엄마, 학교 가는 길에 비가 왔잖아. 길가에 비둘기가 앉아 있는데 몸도 빼빼 마르고 비에 푹 젖어 있는데, 너무 가여운 마음이 드는 거야. 수업 하는데도 내내 걱정이 됐어. 너무 불쌍한 거 있지?"
손양이 무슨 의중으로 그런 말을 하는지 충분히 알 것 같았는데 부쩍 가을 심통을 타는 나는 입을 쭉 내밀며 이렇게 응석을 부렸다.
"손양, 네 눈엔 비에 젖은 비둘기만 보여? 엄마도 흠뻑 젖었다고. 엄마 마음에 요 며칠 계속 비가 내리는 건 안 보여? 그러니까 엄마가 자꾸 외롭다고 하지. 에이, 슬퍼서 못 살겠다. 아, 외로워. 가을을 너무 타나봐."
"엄마, 외로워? 아빠랑 내가 있는데 왜 외로워? 그리고 가을을 타는 게 뭔데? 타? 저번에 엄마가 냄비 태운 것처럼 그렇게 가을이 타는 거예요?"

잘 나가다가 삼천포로 빠지는 손양에게 눈을 흘기니 손양이 마치 아이를 달래듯 앞으로 포르르 종달새처럼 날아와 이렇게 묻는다.

"어떻게 해주면 우리 엄마가 안 외로울까?"

"나랑 놀아줘. 신나게 놀아줘."

"지금? 나, 친구가 자기네 집에 놀러오라 그래서 가봐야 하는데……."

최대한 불쌍한 표정을 지으며 등을 돌리고 돌아섰더니 마음 약해진 손양이 결국 제 손을 잡고 놀아주겠단다. 그날, 철없는 엄마와 철든 딸 손양은 구로구 항동 철길로 나섰다.

해 질 무렵, 집에서 버스를 타고 전철을 갈아타고 철길을 찾아가는 두어 시간짜리 여행의 시작은 그렇게 시작되었다. 오전에 내린 비의 흔적은 어느새 가을바람에 바삭하게 말려져 가을의 낙엽처럼 길가 위

를 구르는 늦은 오후의 구로 항동 철길은 조금의 적막함이 낯설기보다는 친근함으로 가득 차 있었다.

"엄마, 여기 서울 맞아요? 서울이 아닌 것 같아."

아마 도심에서는 찾기 힘든 느낌들 때문에 손양도 서울 도심 속의 이곳이 서울이 아니라고 느꼈는지도 모르겠다. 어쩌면 전철 환승역에서 손양이 먹고 싶다는 떡볶이를 먹기 위해 들어간 간이분식점에서 들은 이야기의 여운이 겹쳐와서인지도 모르겠고. 손양에게 따뜻한 꼬치국물을 내어주며 많이 먹으라며 손양의 머리를 쓰다듬어주시던 분식집 주인 아주머니는 누구에게랄 것도 없이 하소연을 하셨다.

"자고로 부모가 있어야 해. 우리 아버진 시골에서 칠십 평생 농사만 지으신 분인데, 얼마 전 교통사고가 나서 갑자기 돌아가셨지 뭐야. 보상금인가 뭔가가 나왔는데 글쎄 울 아부지 하루 일당이 2만 원이 안 된대. 면사무소 말단 공무원도 7만 원이 넘는데 평생 흙에서 일하시던 울 아부지는 하루 일당이 2만 원이 안 되더란 말이지……."

세상에 대한 애통함과 서운함이 녹슨 철로 위에 쌓이고 쌓여 있는 것 같았다. 분노가 아니라 그리움의 싹으로 말이다. 그러니 철로 위를 걷다 보면 누구나 할 것 없이 아련해지는 것이 아닐까, 그런 생각을 혼자 하는데 앞서 가던 손양이 쪼그려 앉아 혼잣말을 하는 것을 들었다.

"가끔 저녁에 기차가 다닌다는데 그러다 밟히면 어쩌려고 고개를 여기로 내밀고 있어? 언니가 안전하게 안쪽으로 옮겨 줄게. 잘 될지는 모르겠다."

나 외로우니 신나게 한판 놀아달라며 친구 집에 가겠다는 손양을 끌고 여기까지 오게 된 귀한 동행도 고마운데 손양이 첫 걸음에 잔잔한 감

동을 안겨주었다. 살면서 이처럼 귀한 존재가 내 곁에 있다는 것만으로도 내가 외로워할 이유는 없었는데 하는 부끄러운 생각까지 들었다.
 엄마에게 네잎클로버를 찾아 선물하겠다며 철로 위의 클로버 잎 사이를 뒤지는 손양에게 감사함의 내 마음을 이런 말로 응답해주었다.
 "손양, 너 그거 알아? 세잎클로버는 행복이래. 네잎클로버는 행운이고 말이야. 세상에 널린 게 세잎클로버지? 쉽게 누구나가 그걸 찾겠다고 하면 다 찾을 수 있잖아? 그런데 사람은 쉽게 찾을 수 있는 행복은 본체만체고 찾기 어려운 행운만 바라며 네잎클로버만 찾는다네. 엄마는 그냥 행복이 좋아. 그러니 세잎클로버를 찾아주렴."
 산책하는 사람들, 학교에서 집으로 가는 학생, 집에서 장에 나가는 아주머니들과 함께 손양과 앞서거니 뒤서거니 철로를 걷다 보니 손양이 말한 것처럼 '서울 아래 이런 곳이 다 있구나' 하는 생각이 들었다. 도심에 살면서도 잿빛 하늘에 익숙하지 못하고 번잡함에 현기증을 느끼며 이런 곳에 애써 찾아와서야 마음의 평정을 찾는 나도 병이라면 병이구나 하는 생각을 혼자 할 때에 손양이 이런 말도 해주었다.
 "엄마, 지금 엄마는 무척 행복할 것 같아. 그렇죠?"
 "왜 그렇게 생각하는데?"
 "여긴 내가 보기엔 엄마가 딱 좋아할만한 곳이거든."
 "어떤 곳이 엄마가 좋아하는 곳인데?"
 "흐음, 일단 공기가 너무 맑잖아. 사람들도 다 느리게 가고. 들판도 있고 숲도 있고 작은 꽃들도 있고, 그리고 기찻길도 있고, 아 흙도 있고. 맞죠?"
 "응, 맞아. 그리고 사랑하는 손양도 있고. 그래서 네 말대로 엄마 외

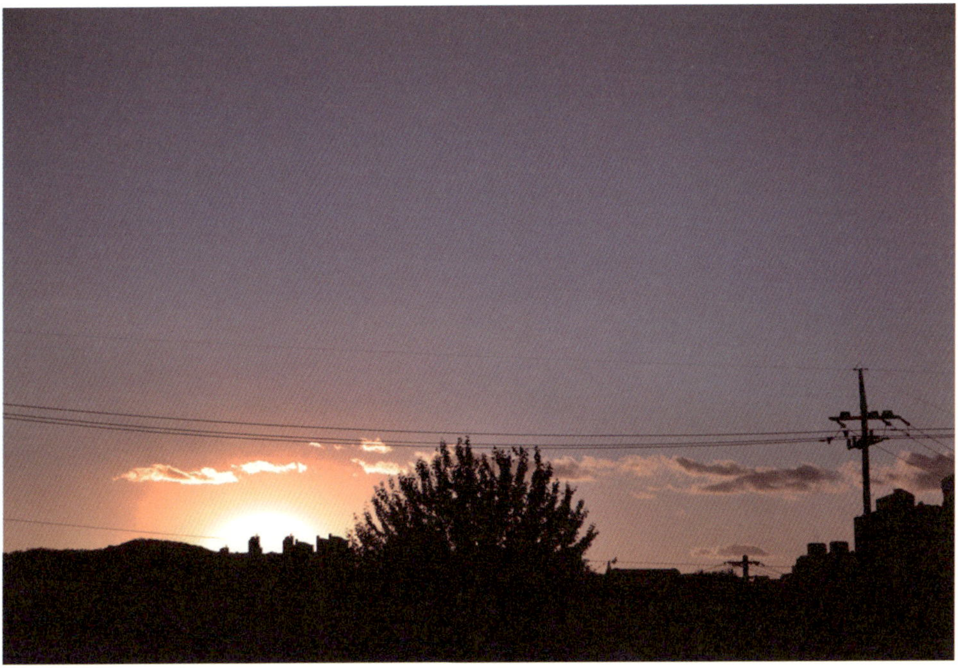

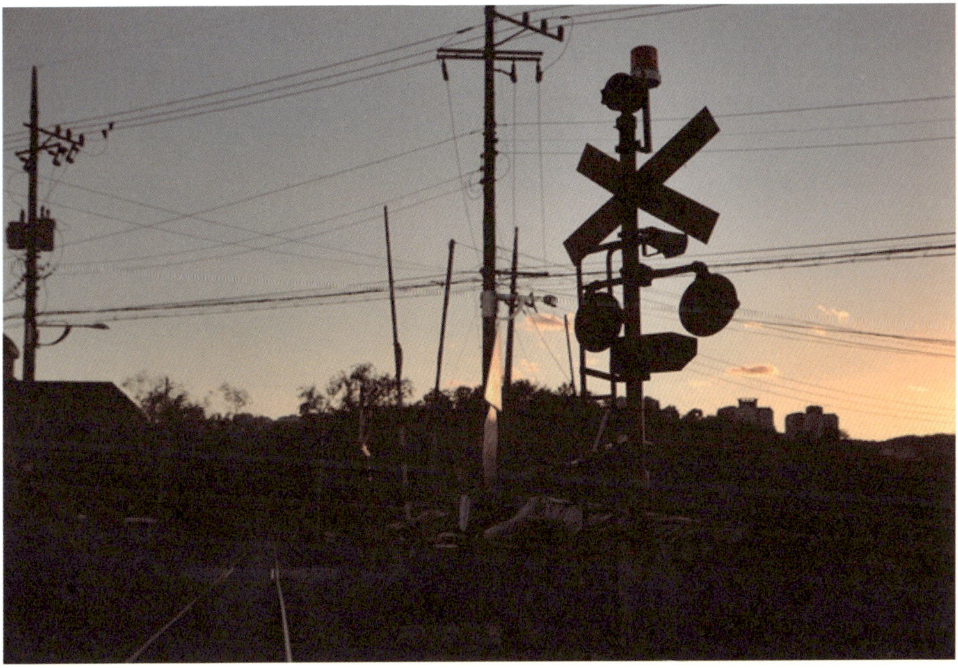

로움이 싹 달아났어. 지금은 진짜 행복해."

"히히, 엄마, 지금 행복을 계속 집에까지 가서도 계속 보관하는 방법이 있는데 알려줄까요?"

"알려줘야지. 당근!"

"엄마, 잘 늘어서 그대로 지켜야 해요. 또 집에 가서 놀아달라, 외롭다 징징대지 말고! 이 철길에서 행복했던 엄마 마음을 계속 유지하는 방법은……."

쉼 없이 재잘대는 종달새 손양과 함께 철길을 걷다 보니 공사가 중단된 '서울수목원'도 나오고, 그 사이 숲길도 나오고 황금빛으로 물들어가는 들판과 그 들판에 일렁이는 가을바람에 제 몸을 맡기는 벼 이삭들과 기찻길 옆 강아지풀들의 몸짓에 깊어가는 가을이 느껴졌다. 그러다 보니 어느새 가을의 푸르른 어둠도 발 목 위로 사뿐히 내려앉았다.

세 시간의 짧은 구로 항동 철길로의 여행이 나에게 선물한 것은 기찻길이 주는 대상 없는 그리움과 편안함, 그리고 작지만 거인 같은 마음의 딸아이 손양이 보여주고 일러주는 따뜻한 위안이 있으니 이 가을이 더 이상 외롭지 않을 것 같았다.

아, 손양이 일러준 '행복유지법'은 손양 말대로 어렵지 않은 방법이었다. 우리가 찾고자 하면 쉬이 찾을 수 있는 세잎클로버 행복처럼.

1. 입에서 황금열쇠를 꺼낸다.
2. 머리 뚜껑을 연 후 열쇠는 다시 입 안에 보관한다.
3. 명상을 한다. 명상의 주제는 내가 하고 싶은 일, 행복해지는 일들로.
4. 내가 명상한 생각들을 모두 손바닥으로 쓸어 모아서 머릿속에 집어넣는다.

5. 머리 뚜껑을 닫고 입에서 황금열쇠를 꺼내어 잠근다.

6. 다시 열쇠를 입 안에 보관한다.

7. 계속 행복해진다.

 구로 항동 철길 가는 길

구로 항동 철길은 지하철 1호선 오류동역에서 부천자연생태공원까지 연결하는 7킬로미터의 단선철로다. 현재는 군수물자수송을 위해 야간이나 군사훈련 시만 기차가 다니는 곳이다. 서울이지만 서울이 아닌 풍경이 찾는 이들의 마음을 저절로 위로해주는 곳이다. 7호선 천왕역 2번 출구로 나가면 만날 수 있다.

'따로 또 같이' 즐기는 예술의 향기

진도 운림산방

남도는 학문과 예술을 꽃피워 남도문화를 이룬 예향으로 유명하다. 학덕이 높은 선비와 시인, 묵객을 많이 배출했을 뿐 아니라 가사문학의 본향으로서 호남가단을 형성한 곳이고, 학포 양팽손, 공재 윤두서, 소치 허유 등 수많은 대가와 국창 임방울 선생 등 우리나라 최고의 소리꾼을 배출한 판소리의 고장으로도 널리 알려진 곳이 바로 남도다.

녹음이 짙어지는 어느 날, 업무차 영암을 가는 길에 진도에 들렀다. 남도 예술의 메카라는 소치 허련 선생의 운림산방에 들리기 위해서였다. 이름도 멋스러운 대화맥의 산실 운림산방. 조선조 후기 남종화의 거봉이었던 소치 선생이 1859년 스승인 추사 김정희 선생이 돌아가신 후, 말년에 고향으로 돌아와 산방을 꾸려 그림을 그린 곳이다. 그의 아들 허형이 운림산방을 떠나면서 매각되었다 그의 후손 허윤대와 허건이 복원을 시작해 오늘에 이르렀는데, 첨찰산 아래 드리워진 구름이

마치 숲과 같다하여 지어진 이름이 '운림산방'이다.

　소치 선생이 그림을 그리던 화실은 ㄷ자형의 한식 기와집이었다. 정면 우측 세 칸을 화실로 이용했었다는데. 이 아름다운 구름숲 운림산방에 단 하루라도 머물게 된다면, 누구든 예술혼의 기운에 푸욱 빠져 절로 그림이 그려질 것 같았다.

　화실 앞에 있는 한 그루의 배롱나무는 소치 선생이 스승 추사를 생각하며 직접 심은 것으로 100일 동안 꽃을 피운다 해서 백일홍이고, 껍질을 손으로 긁으면 잎이 움직이다 해서 간지럼 나무라 하기도 하는데, 껍질이 매끈하여 청렴결백한 선비를 상징하며 서원이나 정자 옆에 주로 심었다는 자태가 아름다운 나무다.

　소치 선생이 만들었다는 연못 '운림지'에는 배롱나무가 비치고 첨찰산이 드리워져 있다. 배롱나무가 흐드러지게 붉게 피어 있을 무렵이면 아마 운림지는 붉은 석양처럼 불타오르고 있으리라. 남아 있는 꽃잎이 얼마 되지 않은 배롱나무 그림자가 너울대는 운림지의 풍경도 가히 절경인데, 붉게 타 오르는 백일홍을 담고 있는 운림지는 또 얼마나 기막히게 아름다울 것인가.

　네모난 연못에 둥근 섬을 만들어 '운림지'라 이름 지은 소치 선생의 대단한 안목에서 그의 남다른 예술 감각을 느낄 수 있었다. 방지원도(方池圓島)는 땅을 상징하는 네모난 연못 속에 하늘을 상징하는 둥근 섬을 만든 전통적 연못 조성 방식인데, 하늘은 둥글고 땅은 네모나다는 천원지방(天圓地方) 사상을 반영한 것이라 한다.

　연못 뒤로 소치가 거처하던 초가집(안채)이 복원되어 있는데 중앙 안방 앞쪽에는 툇마루가 놓여 있는 일자형 초가다. 좌로부터 각 한 칸씩

방, 부엌, 안방, 웃방, 광의 순으로 배치되어 있다. 그 뒤로 소치의 영정을 모셔놓은 운림사가 있고 소치 영정 옆에는 추사의 세한도가 목판화로 모셔져 있으니 목판본이긴 하지만 국보 180호 세한도 구경도 이 여행의 놓칠 수 없는 묘미다.

나는 투어를 온 다른 사람들과 함께 문화해설사의 구성진 야사에 푹 빠져 있었다. 말끝마다 "미쳐부러"를 연발하시던 문화해설사 분은 운림산방의 역사적 이야기보다는 관련 야사에 해박했던 분으로 그 구성진 이야기는 끝없이 이어졌다.

"미쳐부러." 남도의 이 사투리는 자신의 감정이 최고조에 달해 카타르시스를 발할 때 내는 추임새 같은 것, 어렸을 적 동네 아재들이 모여 막걸리 한잔 걸치고 기분 좋게 취하시면 곧잘 내던 말이었기에, 나는 그 해설사 분이 어릴 적 아재처럼 친근해서 그가 해주는 야사에 흥미를 가질 수밖에 없었다.

그러나 기막히게 아름다운 풍경을 지닌 '운림산방'에서 손양의 관심과 흥미는 나와는 달랐다. 우리 모두가 문화해설사의 설명에 귀를 기울이고 있을 때, 손양은 눈이 시리도록 푸른 풀밭 위에 털썩 주저앉아서 풀잎 하나하나를 손으로 어루만지고 있었다.

사람들이 또르륵 떨어지는 산물 약수를 본체만체 지나칠 때는 "왜 다들 바가지로 물을 안 떠먹지? 너무 맛있는데……"라며 엄마라도 마셔보라고 산물을 한바가지 가득 떠 외 내 코 바로 앞에 들이밀기도 했다. 초가 마당에 놓여 있던 절구에도 사람들의 관심이 쏟아지지 않자, "절구가 불쌍해! 절구가 불쌍해!" 노래를 부르며 혼자서 쿵덕쿵덕 달나라

토끼처럼 방아를 찧었다. 그러다 보니 손양은 늘 무리에서 한 박자에서 서너 박자까지 늦은 템포로 뒤처지기 일쑤였다. 나는 그런 손양 구경이 운림산방 이야기만큼 재미있어서 흠칫 흠칫 훔쳐보다가도, "어이, 손양! 산방 설명 좀 듣지 그래? 함께하는 여행인데 좀 속도 좀 맞춰봐!"라고 말을 건네기도 했다. 그러면 또 순한 양처럼 "그럴까?" 하며 해설사의 설명에 제법 진지하게 귀를 기울이기도 했다. 그러다 점점 손양의 시선이 다른 곳으로 옮겨가는 것을 보았다.

  허리를 굽히고 조심스럽게 손을 내밀었다. 손양만큼 민첩하지 못한 고추잠자리 한마리가 잡혔다.

  "파닥거리지 마! 날개 다쳐! 곧 풀어줄 테니깐 잠시 기다려!"

  뒤에서 지켜보다 참지 못하고 곁에 있던 사람들이 삥시레 웃음을 뱉

어냈다. 여행이란 결국 한 장소에서도 서로 다른 재미를 만들어가는 것. 그러니 운림산방에서의 여행은 어린 손양도 나도 각각 달랐지만 즐거웠다.

"손양! 운림산방이 뭐하는 곳이래?"

"응? 운림 뭐? 몰, 라, 요!"

운림산방이 뭐하는 곳인지 모르겠다는 손양이 '소치기념관'에 들어서고부터는 그림에 관심을 갖기 시작했고, 이곳이 자신처럼 그리기에 마음을 뺏긴 옛날 옛적 위대한 화가의 화실이었음을 알게 되었다. 50억 원을 들여 지은 이 미술관은 남종화의 대가 소치 허련(1808~1893)과 그 화맥을 이어온 작가들의 작품을 한 곳에서 감상할 수 있는 전시실과 '예술은행 미술품 토요 경매시장' 전용 경매장이 있는 곳이다.

"엄마, 잠깐만 나랑 함께 가요. 정말 멋진 그림을 발견했거든."

손양이 내 손을 끌고 수묵화 앞에 섰다.

4대에 걸쳐 5인의 화가(소치, 미산, 남농, 임인, 임전)를 배출하며 200년이나 이어지는 일가의 작품세계는 예술에 대한 심미안이 없는 나나 손양에게도 충분히 감동스럽고 경이로웠다. 손양이 화장실 용무가 급하다 해서 들른 진도 기념관에서 우연히 어둑한 전시실을 들어가게 되었는데, 보는 사람도 없건만 앞쪽의 스크린에는 진도문화에 관한 영상물이 상연되고 있었다.

진도는 정이 흐르는 흙이요, 물이요, 산이요, 들이요,

개울이요, 집들이요, 마을들이요, 농토들이요······.

정이 출렁거리는 바다에 싸인 섬이더라.

들리는 것이 육자배기요, 홍타령이요, 남도민요요…….

알 것 같았다. 소치 선생이 자신의 마지막 예술혼을 불태우기 위한 화실로, 운림산방을 진도 첨찰산 아래에 자리 잡은 이유를, 진도는 모든 곳에 구름숲이 드리워진 운림산방이었다.

 진도 운림산방 가는 길

해남 → 진도 방면 18번국도 → 진도읍내 초입에 두 갈래길 → 좌측 우회도로로 터미널 신호등 사거리 → 왼쪽 3번국도로 따라 의신방면(2.3km) 가면 길 좌측에 4번국도로 들어서면 운림산방이 나온다. 개방 시간은 오전 9시부터 오후 6시까지다.

에.필.로.그

아이와 함께하는 여행

요즘 여행을 하는 이들은 어른이나 아이나 편한 여행에 길들여져 있습니다. 차량으로 편하게 이동하고 편의시설이 잘 갖춰진 곳에서 머무르는 일정에 익숙합니다. 그런 곳에서 '볼만한 것'들을 '마음'이 아닌 '눈'으로 아이들과 즐기곤 하지요.

딸아이 손양이 다섯 살 되던 해, 남편이 외국으로 발령을 받아 한국에 손양과 둘이 남아 있어야 했습니다. 그해 겨울, 손양 손을 잡고 떠난 겨울의 7번국도 여행과 제주 올레길로의 여행……. 그 시기의 견딜 수 없었던 개인적인 시련은 불편하고 힘든 여행을 통해 조금씩 치유되어 갔습니다. 그 불편한 여정 중에 만난 사람들이 내게 전해준 희망의 메시지 덕분이었습니다.

그때 알게 되었습니다. 살면서 맞닥뜨리게 되는 시련은 희망과 같은 말이라는 것을요. 죽을 것 같은 절망 속에서도 잠깐 고개를 돌려보면 그 속에서 아주 작은 희망의 씨앗이 움트고 있다는 것을요. 그때 손양과 나의 여행이 조금만 더 편안하고 안락했다면, 그때 나와 손양의 여행 속도가 조금만 더 빨랐더라면, 그때 세상을 바라보는 나의 눈높이가 조금만 더 높았더라면, 결코 마주하지 못했을 것입니다. 여행의 참맛은, 곳곳마다의 진실은 불편하고, 느리고, 낮은 자세에서야 만날 수 있었습니다.

편한 일상의 환경에 익숙해진 아이는 불편한 여행을 통해 '정말 중요한 것'을 스스로 찾곤 했습니다. 아이는 불편한 여정 속에서 만난 길 위의 풍경과 그 길 위의 사람들이 전해주는 '삶의 가치'를 스스로 터득해가곤 했습니다.

얼마 전 어느 분이 제 딸아이에게 이런 질문을 했습니다.

"제주 해비치 호텔에서 자본적 있니?"라고요. 아이가 고개를 도리도리하며 이렇게 대답했습니다.

"제주 올레를 걸었어요. 바닷가에서 소라껍질을 귀에 대면 노랫소리가 들려요."

물론 제주 올레를 걷기 전, 해비치 호텔에 묵은 적이 있었음에도, 그 사실은 그다지 중요하지 않다는 듯 전혀 기억하지 못했습니다.

함께 여행을 하다 보니 손양은 마냥 어리지만은 않은 열린 마음의 지혜로운 여행자였습니다. 그런 아이의 시선과 아이의 생각을 존중해주는 것이 정말 중요한 일이라고 생각합니다. 그렇다고 마냥 아이의 걸음에만 맞추어 줄 일도 아니겠지요. '함께하는 여행'에 대한 '기본 예의'를 일러주면서, 낯선 길에서 스스로 이정표를 만들어 찾아갈 수 있도록 기다려주고 믿어주는 것이 아이와 함께하는 여행의 중요한 요소라고 생각합니다.

사실 딸아이 손양에게는 여행이 아주 특별한 일은 아닐지도 모릅니다. 또래 친구들이 선행학습을 통해 어려운 셈을 익혀갈 때, 손양은 우리나라 구석구석의 길 위에서 흙 놀이를 하거나 갯벌의 짱뚱어와 눈 마주침을 하며 지냈으니까요.

열 손가락을 넘어가면 숫자도 세지 못했던 아이는 이제 그 나이에 맞는 셈도 거뜬히 해내는 초등학생이 되어 즐거운 학교생활을 하고 있습니다. 아이의 1학년 때 담임선생님은 딸아이에 대해 이렇게 말씀하시더군요.

"체구는 작지만 내면이 아주 단단한 특별한 아이입니다. 아마 여행의 덕이 크겠지요?"라고요. 아이와 함께하는 여행을 통해 제가 만들어가고 싶었던 '살면서 가장 가치 있는 일'에 대한 신념이 더 단단해졌다고 나 할까요? 길이 없으면 스스로 길을 만들어 간다는 사실과 이 세상은 모두 함께 나란히 걸어가는 세상이라는 사실 말입니다.

2009년 손양과 함께 지리산 둘레길을 걸을 때의 일입니다. 이른 아침, 인월을 출발해 함양 의중마을까지 가려던 계획이었는데 창원마을 부근에 도착하니 갑자기 폭우가 쏟아져 더 이상 아이와 걷기에는 무리였습니다. 더군다나 비에 가린 창원마을 풍경이 너무나 예뻐 고심 끝에 그날 묵기로 한 의중마을 민박집에 전화를 드렸습니다. 사정이 이러하니 오늘은 가지 못할 것 같다는 말을 채 건네기도 전에 "음마! 비 오제요? 가만 게 있으소. 데리러 가꾸마!"라며 따뜻한 정을 건네십니다. 그렇게 그날 묵은 인연으로 나에게는 제2의 친정집이 생겼고, 손양은 외할머니, 친할머니, 지리산 할머니 이렇게 할머니가 세 명이나 되는 복을 얻게 되었습니다. 이렇듯 사람을 정으로 묶어 끊어지지 않는 인연으로 맺어주는 묘한 매력이 길 위에 있기에 자꾸 그 길 위로 나서게 되는 것 같습니다.

언젠가 힘든데도 아이와의 여행을 계속하는 이유가 무엇인지에 관한 질문을 한 독자에게 받았을 때 "사람 때문에"라고 대답했습니다. 그 뒤로 생각해보니 그 대답은 옳지 않았습니다. 여러 힘든 상황 속에서도 손양과 함께 여행을 계속할 수 있었던 이유는 '사람 때문'이 아닌 '사람 덕분'이었습니다. 그들 덕분에 우리는 오늘도 범사에 감사하며, 범사에 겸허히 고개 숙이며 느릿하게 세상 속으로 나아갑니다. 그리고 여행 꾸러미에 '희망 한 개'를 꼭꼭 눌러 넣습니다.

"잉, 뭐 땀시 돈을 부쳤는가! 나중에 줘도 되는디······. 그날은 사람들이 겁나게 많이 온당께. 하도 도란 사람이 많아서 내가 시방 쪼께 그래도 서울 샥시 위해서 방 꼭 쨈매둘텐께 그날 사목사목 와잉!"

꾸려진 가방을 들고 손양 손을 잡고 막 나서려는데 전화선 너머 들리는 구수한 전라도 민박집 할머니의 목소리, 그것이 바로 '희망'입니다.